会計制度の統合戦略

―EUとドイツの会計現代化―

川口 八洲雄 編著

東京 森山書店 発行

　　　　　は　し　が　き

　欧州連合（EU）は，2005年から加盟25ヵ国と域内上場企業に対して国際会計基準（IAS）／国際財務報告基準（IFRS）を適用する。EUがIAS/IFRSを欧州会計基準として承認し導入するまでの道程は平坦ではなく，EU会計指令の独自開発を断念するなど波乱に満ちた歴史であった。しかし，EUは，経済成長の戦略領域として最後まで調整が遅れていた域内金融市場の完全統合を2005年に達成する。これを契機に，欧州基本法（憲法）の制定に関する合意（2004年5月）に示されるように，EUは，史上例を見ない大欧州の実現という壮大な構想を共有し始めたとみることができる。

　本書は，問題意識を同じくし，長年，研究を共にしてきた仲間によって近年のドイツ会計制度の動向を分析し，2005年から始まるEUのIAS/IFRS適用がドイツ商法会計におよぼす影響について明らかにしている。要約するならば，本書は，2005年に完了する欧州金融市場統合計画を支える欧州会計制度の改革行動に加盟国ドイツが組入れられたことを機縁に，ドイツ商法会計における戦略的な二元的対応を明らかにしたものである。いうまでもなく，ドイツ商法会計制度の特徴は，債権者保護を中心とする商法会計と税務貸借対照表に対するドイツ商事貸借対照表の基準性原則にあり，今日にいたるまで資本市場と投資家に対して有用な会計情報を提供することを重視するものではなかった。しかし，情報化社会の進展と企業活動のグローバル化により，国際的な経済環境と競争条件は大きく変化しており，ドイツの会計制度もまた改革を迫られている。金融機関との資本提携関係と借入金融から離脱したい企業が，国際金融市場での資本調達にシフトする企業行動は，特定の国にかぎらず，今日，一般的なことである。こうした国際的な経済・金融の環境条件を背景に，ドイツ商法会計は，大局的にみて，域内統一市場の実現と企業のグローバルな資本調達活

動,すなわち欧州金融市場の統合および国際市場に上場する企業の増大という2つの要因により根本的な制度改革を迫られることとなった。

いま,本書の構成と各章の概要を示せば,次のとおりである。

序章「EUの会計統合戦略」と,それに続く第1章「EUの金融市場統合と会計戦略」では,EUがIAS/IFRSを適用するに至った経済社会的な原因を分析すると同時に,2005年の金融市場完全統合を支えるIAS/IFRSの適用と欧州会計制度の改革プランにドイツ会計が組入れられたことを契機に,ドイツ商法会計が取り組んだ戦略的な二元的対応が明らかにされている(担当:川口八洲雄)。

第2章「EUにおける会計2005年問題」では,EU会計をめぐるいわゆる2005年問題が分析されている。世界に先駆けてIAS/IFRSを承認し導入したEUが日米およびカナダをはじめ欧州以外の国から参入した域内証券市場に上場する企業の決算書と,IAS/IFRS(欧州会計基準)との適合性について,EU委員会・欧州証券規制当局委員会(CESR)による検証・審査を開始しており,EUによるIAS/IFRSの適用をめぐって生じた会計上の問題とその意義が明らかにされている(担当:佐藤誠二)。

第3章「EU指令・命令のドイツ会計法への転換」では,ドイツの「会計法改革法」(2004年)が分析され,加盟国に対する「IAS適用命令」,3つの欧州会計指令(公正価値指令,会計現代化指令,規模基準値修正指令)のドイツ会計法への転換の意義が明らかにされている。とくに,最新のドイツ会計関連立法である「会計法改革法」をつうじて,情報機能を遂行する個別決算書に限りIASの任意適用が新たに認められ,利益測定機能を有する個別決算書は従来どおりドイツ商法に従う義務があると改正されたことの意義が明確にされている。かかるドイツ商法会計制度の改革は,ドイツ会計における最新の焦点といえる(担当:稲見亨)。

第4章「『正規の簿記の諸原則』二元化論」では,ドイツ商法会計の一般規範たる正規の簿記の諸原則(GoB)について,最新の3つの代表的な学説(バイセ,ベェトゲ,バルヴィーザー)が分析される。すなわち,商法会計における測定規範と情報規範,さらに連結会計の専門規範としてのGoK(広義のGoB),

そして利益測定GoBと情報GoBなどとして展開されるGoBの二元化論が,「会計法改革法」における情報機能と利益測定機能の二元的な会計機能分化の立案構想に影響を与えた論理が明らかにされている（担当：佐藤博明）。

　第5章「ドイツ会計基準委員会の設置と国家の規制責任」では，民間基準設定機関により設定された会計基準をドイツ商法体系に組入れる場合に，ドイツ連邦議会により制定される法律規範と私的機関による会計基準との混合的法体系が生じる結果，私的機関による会計基準が法律規範として容認されるか否かが国家主権・議会制民主主義の大原則から問題になる。この場合，国家・行政機関が会計基準に国家による支持と権威を付与するならば，民間機関により設定された会計基準は法的規範の枠組みに含まれるという論点について2つの学説が分析され，その会計的意義が明らかにされている（担当：木下勝一）。

　第6章「ドイツの概念フレームワーク公開草案」では，金融市場統合を支えるドイツ基準設定審議会（DSR）による「概念フレームワーク公開草案」が分析され，ドイツ会計とIAS/IFRSとの調和化を目指す背景と意義が明らかにされている（担当：川口八洲雄）。

　本書をつうじて，執筆者たちは，ドイツ一国の枠組みのなかでの研究という方法を超えて，欧州および国際的な会計制度との相互関係をつうじてドイツ国内の会計制度を分析する必要性と方法を学んだ。こうした研究上の方法は，一国の経済基盤を支えるための会計制度存立という命題を，会計の国際化という現実過程のなかで再検証し，鍛え直したことからの一定の成果である。5人の執筆者は，ドイツ会計について永らく研究を共にしてきたが，ここで辿り着いた研究の対象とは何かといえば，いまや会計は，一国の枠組み，すなわちドイツの国境を超えた，国際基準あるいは欧州規模での広がりのなかで，国内の利益測定に限定された制度構造から，資本市場指向企業と投資家に対する有用な会計情報の提供へと会計の目的構造が拡大してきたということの認識である。こうした方法上の到達点は，われわれに研究内容の進化と発展可能性を実感させるものである。

本書を上梓するにあたり，かつて執筆者一同が研究活動を進めてゆくうえで公私にわたりお世話になった故宮上一男先生（大阪市立大学名誉教授）の学恩にまず，心より感謝したい。宮上先生の教訓にある「研究対象に忠実たれ」を肝に銘じて，各自がこれを愚直に，かつ実証的に論証した成果が本書である。また，企業会計制度研究会の加藤盛弘先生（同志社大学教授）をはじめ諸先生方からは，最新のアメリカにおける会計の研究成果，討議を中心に学問的な刺激と教訓をいただいた。ここに記して謝意を表したい。また本書の出版に際し，独立行政法人日本学術振興会平成17年度科学研究費補助金（研究成果公開促進費）の交付を受けた。ここに感謝申し上げる。

　最後に，学術書の市販が困難を極めているなかにあって，本書の出版を快くお引受けいただいた森山書店社長菅田直文氏に対し心よりお礼申し上げる次第である。

　　　平成17年6月

　　　　　　　　　　　　　　　　　　　　　　　　　　川口　八洲雄

執筆者紹介 (執筆順)

川口八洲雄 (かわぐち　やすお)　大阪産業大学教授　　　　　序章，第1章，第6章
　主要業績：『会計指令法の競争戦略』(単著，森山書店，2000年)，『ドイツ会計の新展開』(共著，森山書店，1999年)，『会計と取引の形成過程』(単著，森山書店，1996年)，『現代ドイツ商法典 (第2版)』(共訳，森山書店，1993年)，『原価理論』(単著，森山書店，1980年)

佐藤　誠二 (さとう　せいじ)　静岡大学副学長・理事　　　　　　　　第2章
　主要業績：『会計国際化と資本市場統合』(単著，森山書店，2001年)，『大学評価とアカウンタビリティ』(単著，森山書店，2003年)，『ドイツ会計の新展開』(共著，森山書店，1999年)，『ドイツ会計規準の探求』(単著，森山書店，1998年)，『現代会計の構図』(単著，森山書店，1993年)

稲見　亨 (いなみ　とおる)　西南学院大学教授　　　　　　　　　　第3章
　主要業績：『ドイツ会計国際化論』(単著，森山書店，2004年)，『ドイツ連結会計論』(共訳，森山書店，2002年)，『ドイツ会計の新展開』(共著，森山書店，1999年)，『現代会計の理論』(共著，法律文化社，1995年)，「欧州裁判所の判例にみるドイツ会計の国際的側面」(『會計』第164巻第1号，2003年7月)

佐藤　博明 (さとう　ひろあき)　静岡大学名誉教授　　　　　　　　第4章
　主要業績：『ドイツ連結会計論』(監訳，森山書店，2002年)，『ドイツ会計の新展開』(編著，森山書店，1999年)，『ドイツ会計制度』(単著，森山書店，1989年)，『会計学の理論研究』(単著，中央経済社，1981年)，「EU会計指令の現代化とドイツ会計規準形成の方向」(『産業経理』Vol. 65, No. 3, 2004年10月)

木下　勝一 (きのした　かついち)　新潟大学教授　　　　　　　　　第5章
　主要業績：『適用会計基準の選択行動』(単著，森山書店，2004年)，『ドイツの連結納税』(単著，森山書店，1999年)，『企業集団税制改革論』(単著，森山書店，1998年)，『会計規準の形成』(単著，森山書店，1990年)，『リース会計の論理』(単著，森山書店，1985年)

目　　次

序　章　EUの会計統合戦略 ……………………………………… 1
　　　　　―問 題 の 所 在―

　　　　は　じ　め　に …………………………………………………… 1
　第1節　各国政府規制による資本市場統合の未完成 …………… 5
　第2節　資本市場統合の未完成と域内会計実務の不統一 ……… 8

第1章　EUの金融市場統合と会計戦略 ……………………… 13

　　　　は　じ　め　に …………………………………………………… 13
　第1節　会計国際化の背景 ……………………………………… 14
　　　　　―企業と投資の国際化―
　第2節　欧州金融市場統合の行動大綱 ………………………… 16
　第3節　中　間　総　括 ………………………………………… 22
　　　　　―行動大綱における会計現代化構想―
　第4節　欧州金融市場統合の行動計画 ………………………… 23
　第5節　結　　　論 ……………………………………………… 37
　　　　　―証券市場政策が要請するEU会計の現代化―
　第6節　EUの会計戦略 ………………………………………… 38
　　　　　―金融市場統合計画の中核―
　　　　お　わ　り　に …………………………………………………… 48
　　　　　―証券市場統合を支援する欧州会計機構―

第2章　EUにおける会計2005年問題 ……………………… 51

　　　　は　じ　め　に …………………………………………………… 51

第1節　EUにおける会社会計法調和化 ……………………………… *53*
　第2節　EUにおける証券取引開示規制 ……………………………… *58*
　第3節　会計監査の品質改善………………………………………… *65*
　　　　お　わ　り　に ……………………………………………………… *69*

第3章　EU指令・命令のドイツ会計法への転換 ………… *79*
　　　　―会計法改革法の制定―

　　　　は　じ　め　に ……………………………………………………… *79*
　第1節　IAS適用命令と連邦政府のIAS導入案 ……………………… *81*
　第2節　BilReGにおけるIAS適用命令への対応 …………………… *83*
　第3節　BilReGによるEU指令の転換 ……………………………… *95*
　　　　お　わ　り　に ……………………………………………………… *101*

第4章　「正規の簿記の諸原則」二元化論 ………………… *109*

　　　　は　じ　め　に ……………………………………………………… *109*
　第1節　バイセの二元的規範システム論 …………………………… *110*
　第2節　ベェトゲ連結会計論におけるGoB二元化論 ……………… *117*
　第3節　バルヴィーザーの情報GoB論 ……………………………… *130*
　　　　お　わ　り　に ……………………………………………………… *137*

第5章　ドイツ会計基準委員会の設置と国家の規制責任 …… *141*
　　　　―ブライデンバッハとベアベリッヒの所説―

　　　　は　じ　め　に ……………………………………………………… *141*
　第1節　ブライデンバッハの「会計規範設定プロセスの発展可能性」…… *142*
　第2節　ベアベリッヒの「憲法に合致した社会的な自主的統制」………… *158*
　　　　お　わ　り　に ……………………………………………………… *170*

第6章　ドイツの概念フレームワーク公開草案 ……………175

　　は　じ　め　に………………………………………………175
　　　　―ドイツにおける概念フレームワーク草案―
　　第1節　ドイツ概念フレームワーク草案の理論構造 …………176
　　第2節　ドイツ「概念フレームワーク」草案の意義……………195
　　　　―むすびにかえて―

索　　引 ……………………………………………………201

〔略 語 一 覧〕

BilKoG	Bilanzkontrollgesetz	会計統制法
BilReG	Bilanzrechtsreformgesetz	会計法改革法
BiRiLiG	Bilanzrichtlinien-Gesetz	会計指令法
DRS	Deutscher Rechnungslegungsstandard	ドイツ会計基準
DRSC	Deutsches Rechnungslegungs Standards Committee	ドイツ会計基準委員会
DSR	Deutscher Standardisierungsrat	ドイツ基準設定審議会
EC	European Community	欧州共同体
EU	European Union	欧州連合
FASB	Financial Accounting Standards Board	財務会計基準審議会
GoB	Grundsätze ordnungsmäßiger Buchführung	正規の簿記の諸原則
GoR	Grundsätze ordnungsmäßiger Rechnungslegung	正規の会計の諸原則
HGB	Handelsgesetzbuch	商法典
IAS	International Accounting Standards	国際会計基準
IASB	International Accounting Standards Board	国際会計基準審議会
IASC	International Accounting Standards Committee	国際会計基準委員会
IDW	Institut der Wirtschaftsprüfer in Deutschland e. V.	ドイツ経済監査士協会
IFRS	International Financial Reporting Standards	国際財務報告基準
IOSCO	International Organization of Securities Commissions	証券監督者国際機構
KapAEG	Kapitalaufnahmeerleichterungsgesetz	資本調達容易化法
KapCoRiLiG	Kapitalgesellschaften- und Co. Richtlinie-Gesetz	資本会社 & Co. 指令法
KonTraG	Gesetz zur Kontrolle und Transparenz im Unternehmensbereich	企業領域統制・透明化法
SEC	Securities and Exchange Commission	証券取引委員会
TransPuG	Transparenz- und Publizitätsgesetz	透明化・開示法
US-GAAP	Generally Accepted Accounting Principles	（米国の）一般に認められた会計原則

年表　EUおよびドイツにおける会計・監査制度の改革

日　付	EUの公的文書	EUの指令・命令	ドイツの会計関連立法
1978年7月25日		第4号指令（個別決算書）	
1983年6月13日		第7号指令（連結決算書）	
1984年4月10日		第8号指令（監査人資格）	
1985年12月19日			会計指令法（BiRiLiG）
1986年12月8日		銀行会計指令	
1990年11月30日			銀行会計指令法
1991年12月19日		保険会計指令	
1994年6月24日			保険会計指令法
1995年11月14日	会計領域の調和化：国際的調和化のための新戦略		
1998年4月20日			資本調達容易化法（KapAEG）
1998年4月27日			企業領域統制・透明化法（KonTraG）
1998年5月8日	EUにおける決算書監査：将来措置		
1998年10月28日	金融サービス：行動大綱の策定		
1999年5月11日	金融サービス：金融市場大綱の転換（行動計画）		
2000年2月24日			資本会社 & Co.指令法（KapCoRiLiG）
2000年6月13日	EUの会計戦略：将来措置		
2001年9月27日		公正価値指令	
2002年7月19日		IAS適用命令	透明化・開示法（TransPuG）
2003年5月13日		規模基準値修正指令	
2003年6月18日		（会計）現代化指令	
2003年9月29日		IAS承認命令（1）	
2003年10月2日	EUにおける決算書監査の強化		
2004年4月6日		IAS承認命令（2）	
2004年12月4日			会計法改革法（BilReG）
2004年12月15日			会計統制法（BilKoG）
2005年1月1日		2005年のIAS/IFRS導入	

序章
EUの会計統合戦略―問題の所在―

はじめに

　欧州連合（European Union : EU）は，加盟25ヵ国の超国家機構を支える欧州憲法の創設について2004年に基本合意し，各国の批准手続きを経て，早ければ欧州憲法を2006年に成立させる予定である。これは，EU委員会からミラノEU理事会に提出された「域内市場の完成：域内市場白書」[1]（1985年6月）と，単一欧州議定書（1986年2月）に盛り込まれ，経済・通貨統合戦略として再スタートした「単一市場プログラム」[2]（1987年7月）の完成が近いことを意味するとともに，経済・通貨統合の達成後，各国の国家主権を部分的に制限し，経済・政治・司法等の各領域における域内の政治的統合を内外に宣言したものと考えられる。

　EUは，EU委員会のドロール（J. Dolors）委員長によりミラノEU理事会に提出された1985年6月の『域内市場白書』から14年の歳月をかけて，経済・通貨統合戦略として単一通貨ユーロ（1999年1月）と域内通貨・金融政策を統括する欧州中央銀行（1998年6月）を創設した。

　これに続いて，EUは，単一通貨ユーロの潜在的可能性を拡大強化するための経済統合戦略，すなわち金融サービス市場の完全統合（2005年1月）が達成可能な射程圏に入ったことを考慮したうえ，超国家機構の最高規範として欧州憲法の制定を表明している。この意味で，欧州憲法の制定は，政治的統合の前提条件として，永年にわたる経済・通貨統合活動，とくに単一市場プログラムの中核である金融サービス市場統合が完成に近いことを象徴したものである。

EU委員会は，1985年に市場統合が未完成であることを確認したうえで域内市場障壁の撤廃を勧告したEU委員会報告，すなわち域内市場白書（1985年6月）にもとづく単一市場プログラム（1987年）の開始から事実上の統合（2005年）に至る18年間の金融サービス市場の統合活動とともに，域内市場統合を支える会計指令の独自開発を断念するなど多難な歴史を歩んできたが，2005年を境に，国際会計基準（IAS）／国際財務報告基準（IFRS）を世界に先駆けてEUの会計基準として承認し，連結決算書を作成する上場企業に適用する。

　最近の会計領域と金融市場の情勢を見る限り，2005年から実施されるIASの適用を前に，EUの市場統合は，急速に統合の完成段階に入っている。

　本書の研究対象の1つであるEU金融サービス市場統合の行動計画（1999年5月）は，後述するように，EU会社法および資本市場法という2つの戦略領域の改革をつうじて完成の段階に入っている。会計領域については，国際資本市場への参入を目指す国際的に活動する域内の企業を支援するために，EUは，2002年7月にEUの統一的会計基準としてIASを承認した。このため，IASは，2005年から7,000社を超える域内上場企業の連結決算書に対して強制適用される[3]。同時に，EUの個別決算書に関わる指令の一層の改革と国際的な統一に向けて，会計現代化指令が情報機能および公正価値評価の導入を軸に完成した。

　EU会社法における国際基準との調和化と併行して，上場認可・目論見書指令，株主保護・透明性強化指令および定期情報指令もすでに完成している。

　新設の欧州証券規制当局委員会（CESR）[4]が域内資本市場に上場する第三国の企業について，第三国の会計基準とIASとの等価性を確認するために，最終期限の2005年6月末までのUS-GAAP，日本およびカナダなど第三国の会計基準の審査も開始されており，2004年内に予定される決算書監査の品質強化に関する第8号指令改正案の成立とあわせて，2005年からのIASの適用に向けて準備は概ね完了している。

　他方，現実に，資本市場の統合も進展している。EUがIASを会計指令として正式に認可したことにともない，上場目論見書指令の改正，CESRと欧州財

務報告諮問グループ（EFRAG）の国際会計基準審議会（IASB）へのオブザーバーとしての間接参加[5]は，金融市場規制の行動計画としての上場目論見書指令の完全統合および企業法の行動計画としての会計基準の統一化という2つの行動計画をつうじて，33の域内証券取引所の統合と相互承認を促進している。

ロンドン証券取引所とパリの多国籍証券取引所ユーロネクストは，EU委員会による資本市場統合戦略を実現するための「相互承認」原則[6]（EU理事会決定，1999年10月28日）にしたがって株式売買の相互乗り入れを合意した。ロンドン証券取引所は，アムステルダム証券取引所の上場オランダ企業に対するイギリス投資家の株式売買注文を，ロンドン証券取引所からアムステルダムへ回付できるように，またこれとは逆に，イギリス企業株式をオランダの投資家がアムステルダム証券取引所で売買できるようにするためにユーロネクスト傘下のアムステルダム証券取引所と提携を行った（日本経済新聞，2003年7月22日）。

ロンドン証券取引所と，パリ，アムステルダム，ブリュッセル，リスボンの4つの域内証券市場を傘下に置くユーロネクストとの統合が実現した場合には，上場企業の時価総額は，37,000億ドルになり，アメリカのナスダック証券市場と東京証券取引所を抜き，ニューヨーク証券取引所に次いで世界第二位になる。

ヘルシンキ証券取引所は，すでにユーロネクストと相互乗り入れを提携しており，さらにバルト3国の証券取引所と資本提携を進めており，ロンドン証券取引所とパリのユーロネクストが提携すれば，英仏—北欧—バルト3国の証券取引所の統合ネットワークが誕生する。この結果，各国証券取引所の提携関係の樹立により証券売買注文が国境を越えて相互に出せるようになり，投資家は，国内で外国企業の株式証券を取引することができる。相互承認制度による証券市場の国境を越えた統合は，証券取引所の合併・買収と同一の効果をもたらす。

2000年秋にロンドン証券取引所とドイツ証券取引所（フランクフルト証券取引所などの持株会社）との大型合併の破談から，合併ではなく相互の独立性を

維持することができる提携関係をつうじて証券取引のネットワークを築くのが最近の特徴である。上場企業の時価総額でユーロネクストの半分のドイツ証券取引所は，市場規模の拡大しているデリバティブを重視し，傘下の取引所「ユーレクス」をアメリカ証券市場で設立する。

　さらに，現在，フランクフルト証券取引所を傘下におくドイツ証券取引所は，スイス証券取引所と合併に向けて交渉に乗り出しており，このため，EUの資本市場統合戦略にしたがって加盟各国の証券取引所は合従連衡を模索しており，ドイツとスイスの証券取引所の動向が域内証券市場再編の引き金になる可能性が高い。両証券取引所は，デリバティブ取引市場「ユーレクス」を設立しており，両証券取引所の大きなウエートを占めている。欧州の現物株式市場としてロンドン証券市場が時価総額270兆円であり，パリとブリュッセル，アムステルダム，リスボンの各証券取引所を傘下に置くユーロネクストが230兆円でこれに続く。この3大証券取引所が永続するという見解は少なく，今後，北欧の証券市場とバルト3国の証券市場を束ねるOMHEXとの提携やEUに新しく加盟した10ヵ国の証券市場を傘下に収める動きが加速する様相を見せている。(日本経済新聞，2004年7月24日)

　EUは，2005年を境に，加盟各国により異なる会計基準と証券取引開示規制の統一を進め，域内に分散する約33の証券市場の統合を促進する考えである。域内資本市場の競争力を強化するために，EU委員会は，2005年からIAS適用命令にしたがって連結決算書の作成を加盟各国に指示した。このため，IASは，2005年から，IASの審査・認証機構としてのEFRAGとCESRによる承認手続を経て，EU会計基準として正式に導入され施行される。

　そこで，IASがEU会計基準として承認された歴史的背景と根拠は何か，についてあらためて考察する必要がある。EUが会計指令の開発を断念し，IASに一極集中するに至った原因と歴史的背景は，未だに明確にされていない。

　そこで，本書の序章と第1章において，何ゆえに，EUは金融市場統合計画を支えるEUの基本指令（第4，第7および第8号会計指令）の継続的開発を断念したのか，したがってまた，IASがEUの統一的な会計基準として導入され

た歴史的背景と要因は何かを，会計領域のみならずEU経済政策とその歴史過程から明らかにしたいと考える。

第2章から第6章は，配当可能利益測定と課税所得計算に制度的根拠をもつドイツ会計制度がEU市場統合政策と会計国際化の過程に組み込まれたことにより，IAS，EU会計指令およびドイツ会計制度の3つの領域間の重層的関係から生じた加盟国ドイツにおける会計問題について分析を行う。

第1節　各国政府規制による資本市場統合の未完成

EUの市場統合の歴史は，一般的な見解にしたがって，「単一市場プログラム」(1987―1992年完成) を域内市場統合の分水嶺とみれば，「単一市場プログラム」の前と後に大別される。

「単一市場プログラム」の前史は，欧州石炭・鉄鋼共同体設立条約（パリ条約，1952年7月）から出発して，欧州経済共同体（EEC）設立条約（ローマ条約，1958年1月），そして市場統合の長期にわたる低迷・後退期（イギリスをはじめ各国の市場統合に対する消極的姿勢と国家規制の維持，石油危機および1973年と1979年の国際通貨危機に起因する経済停滞により市場統合に対する欧州懐疑主義と恒常的な高失業率を象徴する，いわゆる動脈硬化症に見舞われた時期，1970年―1985年）を経て，市場統合のルネッサンスといわれる「域内市場白書」（1985年6月）に至る過程である。この欧州悲観主義に覆われた時期は，1970年から1980年代中葉に至るまで，ECおよび日米など先進主要国の構造的な景気後退により，EC共同市場に向けての改革がほとんど進展しなかった時代である[7]。

その結果，ローマ条約以来の4つの目標―人，物，サービスおよび資本の国境を越える移動の自由化―のうち関税同盟と欧州通貨制度（ECU，1973年3月）における域内為替相場調整をめざす為替相場メカニズムの成立が唯一の成果であり，金融・資本市場統合はほとんど実現しなかった。

このような各国の政府規制による欧州域内市場の長期的な分断および市場統合の未完成に関する原因の究明をつうじて提出された「域内市場白書」と，こ

れにもとづく「単一欧州議定書」(1987年7月) に記載された5ヵ年計画「単一市場プログラム」が，市場統合を再生するために設定された行動計画である。

1987年から1992年までに市場の完全統合を約束した「域内市場白書」は，次のように述べている。

「3億2千万人の統一的な大市場の完成は，加盟各国がすべての障碍を撤廃し，規則を調和化し，法律規定と税構造を同一化し，また欧州企業が共同で活動できるように通貨領域における協調を強化し，そのために必要な補助対策を講ずることを前提とする。したがって，EU委員会は，遅くとも1992年までに域内市場の完全達成を目標として定め，このために現実的かつ拘束力を有する年次計画表を備えた行動プログラムを採択するようEU理事会に要請するものである。」[8]

単一市場プログラムは，人，物，サービスおよび資本の4分野の自由移動を可能にするために，域内市場統合について行動計画を次のように策定した。EC12ヵ国の域内市場を長期にわたって分断し，人，物，サービスおよび資本の自由移動を妨げている障碍要因，すなわち282項目の物理的障碍（国境の規制など），技術的障碍（国別に異なる規格認証，政府調達の国内限定，金融・資本サービス市場の政府規制，資本と労働者の移動制限，国別に異なる株式会社法など），財政的障碍（消費税，親子企業に対する投資所得2重課税など）の除去がEUの規則・指令・決定として採択された。

単一市場プログラムは，採択された上記課題の282項目のほとんど全部が計画完成年度の1992年までに，欧州産業家円卓会議を中心とする欧州産業界などの協力により域内平均91％の達成率で実施された結果，EC経済の活性化を導いた。このため，単一市場プログラムがもたらした成果はきわめて大きく，その後のEUの市場統合過程を加速する背景になった[9]。

しかしながら，資本市場をふくむ金融サービス市場の自由化は，ほとんど実現しなかった。各国政府は，従来から金融サービス国内市場を一国の経済金融政策の中核的な戦略部門として位置づけているため，証券取引規制，会社法，金融・保険監督法，投資課税制度，消費者保護に対する政府管轄権を放棄しな

かった⁽¹⁰⁾。

とくに，金融サービス市場セクターの2大戦略部門である会計基準および証券取引規制は，金融サービス市場に対する各国政府規制を反映して改革されなかった。資本移動の自由化と，とりわけ銀行と保険サービスの自由化も進展しなかった。唯一の成果は，第2次銀行指令（1993年1月）に導入された単一免許制（single passport）[11]であるが，この単一免許制により，後の「欧州パス」に示される金融サービス市場を自由化するためのモデルが作られた。

国境を越える資本の移動を各国が許可しない主因は，資本移動が自由化された場合には，一国の経済・金融・財政政策の国民経済・金融におよぼす国家戦略上の影響力が減退するからである。単一市場プログラムは，市場統合を妨げる技術的，物理的，財政的障碍の排除に貢献するところ多大であったが，制度的障碍として金融市場セクターの分裂状態について成果を出せなかった。

EEC設立条約（ローマ条約，1957年3月調印，1958年1月発効）から単一欧州議定書（1986年調印，1987年発効）を経て，マーストリヒトでEU設立条約（マーストリヒト条約，1992年調印，1993年11月発効）が発足する。

マーストリヒト条約の目標は，単一市場プログラムの完成をつうじて経済・通貨同盟をまず達成し，そのうえに外交・安全保障をふくむ政治同盟を完成することにあった。

その後，ダブリンのEU理事会[12]（1997年12月）は，1992年の「単一市場プログラム」の達成状態は不十分であるというEU委員会の通告を正式に承認し，次回のアムステルダムEU理事会において単一市場プログラムをフォローアップするための行動計画および日程表を提出するようEU委員会に要請した。

アムステルダムのEU理事会[13]（1997年6月）は，これを受けて，EU委員会通告のAgenda 2000を採択した。この行動計画は，1999年1月を期限に単一市場プログラムの実行の厳守，税障碍と反競争的行為の撤廃，部門別市場の障碍の排除，単一市場統合に対する市民啓蒙の4つの戦略から成る。

アムステルダムEU理事会の後に，カーディフのEU理事会[14]（1998年6月）が開かれた。カーディフEU理事会からの金融サービス市場の改善措置に関す

る提案の要請に応えて,「金融サービス市場政策グループ」の協力のもとに提出されたEU委員会の通告が,「金融サービス：行動大綱の策定」[15]（1998年10月）および「金融市場大綱の転換：行動計画」[16]（1999年5月）である。この行動大綱と行動計画が,2005年1月を行動計画の達成期限として決定した「リスボン戦略」[17]（リスボンEU理事会特別会議,2000年3月）に先行する基本理念とその実行計画にほかならない。

金融サービス市場の完全統合に向けて,ダブリンEU理事会（1996年）が従来の行動計画のフォローアップと具体的な年次計画を策定した転機とほぼ時期を同じくして,EU委員会は,「会計領域の調和化：国際的調和化のための新戦略」[18]（1995年11月）を提案した。これは,EUが会計指令の開発を断念して,IASへ統合するEUの戦略構想を明らかにしたものである。

第2節　資本市場統合の未完成と域内会計実務の不統一

EU委員会は,EU委員会通告「会計領域の調和化：国際的調和化のための新戦略」（1995年11月）を提出した。このEU委員会の戦略構想は,1971年11月にドイツ商法をベースに第1次草案が公開されてから,1978年に成立したEC第4号指令に多くの選択権がふくまれ,また,新しい実務について規定されていないなど法令上の重大な不備があり,会計指令における会計基準の開発・設計は限界に達したという現状認識と,国際資本市場における欧州企業の資本調達を支援するために会計指令をIASに調和化すべきであるという2点を中心に,会計指令が内包する域内問題と欧州企業の国際資本市場参入を支援するための会計国際化の問題に分けて,EU会計が進むべき道筋を明らかにしている。

EU委員会通告「会計領域の調和化：国際的調和化のための新戦略」の要点は,要約すれば次の2つになる[19]。

―国際資本市場への上場を目指す欧州企業の緊急問題。上場目論見書と会計基準の国際化を解決するため,IASとEU指令との一致の検証を提案する。一致の検証と確認は,欧州企業がEU指令に対立することなく,IASによる連結決算書の作成を承認するための第一段階である。緊急問題は,国際資本市場への参入を目指

す欧州企業がUS-GAAPにしたがうのではなく，単一会計基準で1つの決算書を作成する解決策は何か，という問題である。証券監督者国際機構（IOSCO）は，IASを作成するための作業計画について1995年に国際会計基準委員会（IASC）と基本合意した。この目的の達成は，IASにしたがって決算書を作成する欧州企業が国際資本市場に参入することを容易にする。

──EU内部の調整不可能な問題。EU会計指令それ自体が内包する一般的な問題として，域内企業に適用される第4号指令が，EU条約第54条3項により多くの会計処理選択権を認めているという事実と，会計指令にふくまれる特定の基準についての解釈が加盟国により異なるという事実は，決算書の比較可能性を妨げるものである。この2つの問題点について，比較可能性を改善するために個別決算書に関する指令の完全統一に向けてのEU内部の調整はもはや不可能である。これは，各国の個別決算書が国内商法の配当可能利益と課税所得の税法基準に強制的にしたがう必要があるためである。個別決算書は加盟国の税目的のための財政状態表示に直接関連するため，IASとEU指令との一致に関する検証作業は，連結決算書に限定して，個別決算書をふくむ会計全体についての一般的議論は作業対象から除外すべきである。ただし，EU委員会は，新しい会計基準の開発・設計を断念するが，法的安定性のために，必要な場合に限り，現行会計指令の現代化を推進する。

以上が，EU委員会通告「会計領域の調和化：国際的調和化のための新戦略」の内容および特徴点である。

この場合，EU委員会は，前述の通告において，会計指令の不備について「経済事象の発展を反映していないこと」と「決算書の比較可能性を妨げる会計選択権」の2点に言及している。この2点は，具体的に次の問題点に要約される。

EC第4号指令は，1971年11月にドイツ株式法をモデルに第1次草案が公開され，英米型のイギリス，アイルランドおよびデンマークの加盟後（1974年2月）合意は難航し，最終草案は1978年に採択された。施行されたのは，イギリスは1982年，アイルランドは1987年，オランダは1984年，デンマークは1982年，ドイツは1985年，フランスは1984年，スペインは1989年である。最終草案まで難航した主因は，イギリスを中心とする英米型諸国の会計理念とドイツを典型とする大陸法型諸国の成文法との相違にある。

資金調達方法の相違は，会計の相違を決定する基礎的要因であった。英米型諸国は，証券発行企業が証券市場で資本調達することを前提に，会計の目的・機能を投資家の投資決定に有用な会計情報の提供としてみる。大陸法型諸国は，金融機関からの資金借入を前提に，債権者・株主を保護し，課税所得算定に利用される配当可能利益計算として会計の目的・機能を捉えている。

EC第4号指令は，こうした会計制度の仕組みについて異なる理念と歴史をもつ加盟国の妥協の産物であった。このため，EC第4号指令は，加盟国の完全合意を得られず，積み残した課題も多い。第4号指令にふくまれていない項目は，主なものを挙げれば，キャッシュ・フロー計算書，リース会計，企業年金会計，為替換算会計，金融商品，工事進行基準，国庫助成金および支払利子である。また，会計選択権を認められた項目は，繰延計上と5年内の償却との選択適用を認められた創業費，新株発行費，未償却創業費，繰延税金会計である[20]。

EUの指令には前掲のような法令上の空白と多様な会計選択権がふくまれており，各国の利害対立を調整できないまま，指令の開発・設定を断念する結果となった。域内の単一資本市場の統合計画に向けて，歴史，慣習，制度等あらゆる面で異質な各国基準間の調整が限界に達していることを認めると同時に，緊急課題である欧州企業の国際資本市場における競争力強化のために，欧州企業の連結決算書に対してのみIASをもって欧州の統一的会計基準として適用するという戦略構想が，1995年に提案された会計戦略である。

注
(1) Kommission der EU [1985]. この域内市場白書は，その結語（パラグラフ219）において「大欧州市場」の完成を妨げるすべての障碍を撤廃するために，市場統合を完全達成するか断念するかの決断に際し「欧州は岐路に立たされている」という見解を表明している（a.a.O., S. 52）。
(2) 棚池康信 [2003], 5頁。原資料は，EC Kommission, "The Single Act : A New Frontier for Europe", Communication from the Commission to the Council (COM (87) 100).
(3) Europäische Union [2002].
(4) European Commission [1999], p. 5.

(5) EFRAG [2001], p. 7.
(6) Europäischer Rat [2000], Kommission der EU [1999], S. 3-8.
(7) 棚池康信 [2003], 5-8頁, 26-29頁。
(8) Kommission der EU [1985], S. 4.
(9) 棚池康信 [2003], 94頁。
(10) 同上書, 27-29頁。
(11) 同上書, 98頁。
(12) Europäischer Rat [1996], S. 4-5.
(13) Europäischer Rat [1997], S. 2-6. このなかで,「EU理事会は, EU委員会の域内市場に関する行動計画を歓迎し, その目標の全部を承認する。行動計画の4つの戦略目標は, 残存する障碍を撤廃するための政策的努力の更新の基礎であるため, 域内市場の潜在的有用性を完全に達成することは確実である」と述べられている (a.a.O., S. 6)。
(14) Europäischer Rat [1998], S. 10. このカーディフにおけるEU理事会の結語において, 域内資本市場の改善に関連してパラグラフ17で次のように述べられている。「EU理事会は, ウィーンにおけるリスク資本の助成に関するEU委員会の報告書を歓迎し, これに含まれた行動計画に合わせて本報告書の勧告について検証することをEU理事会と加盟国に要請する」(a.a.O., S. 10.)。
(15) Kommission der EU [1998].
(16) Kommission der EU [1999].
(17) Europäischer Rat [2000].
(18) Kommission der EU [1995].
(19) Ebenda, S. 2-9.
(20) 企業財務制度研究会編 [1994], 3-5頁。

参 考 文 献

Kommission der EU [1985], Weissbuch der Kommission, Vollendung des Binnenmarktes, KOM (85) 310, Brüssel, 14. 06. 1985.
Kommission der EU [1995], Mitteilung der Kommission, "Harmonisierung auf dem Gebiet der Rechnungslegung : Eine neue Strategie im Hinblick auf die internationale Harmonisierung", KOM (1995) 508 vom 14. 11. 1995.
Europäischer Rat [1996], Schlussfolgerungen des Vorsitzes, Europäischer Rat von Dublin (13-14. 12. 1996).
Hulle, K. V. [1996], Fortentwicklung des Europäischen Bilanzrechts aus Sicht der EU, in : Schruff, R. (Hrsg.) Bilanzrecht unter dem Einfluss internationaler Reformzwänge, Düsseldorf 1996.
Europäischer Rat [1997], Europäischer Rat von Amsterdam (16. 06. 1997).
Europäischer Rat [1998], Schlussfolgerungen des Vorsitzes, Europäischer Rat von Cardiff (15-16. 06. 1998).
Wirtschaftsreform [1999], Bericht über die Funktionsweise der gemeinschaftlichen

Produkt- und Kapitalmärkte, Von der Kommission vorlegt, nach Aufforderung durch den Europäischen Rat von Cardiff (20. 01. 1999).

Kommission der EU [1998], Mitteilung der Kommission vom 28. 10. 1998, "Finanzdienstleistungen : Abstecken eines Aktionsrahmens" KOM (1998) 625.

Kommission der EU [1999], Mitteilung der Kommission vom 11. 05. 1999, "Umsetzung des Finanzmarktrahmens : Aktionsplan" KOM (1999) 232.

European Commission [1999], Formal Mandate to CESR for technical Advice on Implementing Measures on the Equivalence between certain third country GAAP and IAS/IFRS.

Kommission der EU [1999], Mitteilung der Kommission, Die gegenseitige Anerkennung im Rahmen der Folgemaßnahamen zum Aktionsplan für den Binnenmarkt (1999).

Europäischer Rat [2000], Entschliessung des Rates zur gegenseitigen Anerkennung vom 28. 10. 1999, ABl. (2000/C 141/02).

Europäischer Rat [1996], Schlussfolgerungen des Vorsitzes, Europäischer Rat von Lissabon (23-24. 03. 2000.).

EFRAG [2001], Expertlebel of the Endorsement Mechanism—The Establishment of the "European Financial Reporting Advisory Group" (EFRAG), Final Text, 31. 03. 2001, p. 7.

Europäische Union [2002], Verordnung (EG) Nr. 1606/2002 des Europäischen Parlaments und des Rates vom 19. 07. 2002 betreffend die Anwendung internationaler Rechnungslegungsstandards, ABl. L 234/1 (11. 09. 2002).

企業財務制度研究会編 [1994]『諸外国におけるディスクロージャー制度等実態調査No. 5：EC指令とEC各国における開示制度と開示内容』企業財務制度研究会。

棚池康信 [2003]『EUの市場統合』晃洋書房。

（川口　八洲雄）

第1章
EUの金融市場統合と会計戦略

　は　じ　め　に

　EUにおける単一通貨ユーロ（1999年1月）の導入直前に，EU理事会とEU議会に宛てたEU委員会の通告「金融サービス：行動大綱の策定」（1998年10月）は，EUの経済成長と雇用創出を究極目標とする5ヵ年の域内金融市場統合計画を明らかにしている。これは，単一通貨ユーロの潜在的能力を最大限活用するために，EUの市場経済政策にしたがって，欧州金融市場統合に不可欠な会計機構の目的，役割および組織の骨格を大筋で規定し，欧州会計の改革を金融市場統合計画に密接に関連づけた政策大綱である。

　「金融サービス：行動大綱の策定」は，後述するように，EUにおける知識ベース型経済社会の建設，とくに金融サービス市場および資本市場の統合など広範な市場経済領域に関連する政策大綱であるために，行動大綱の策定に至るまでの歴史的経緯，行動大綱の内容と会計的な意義については，欧州の経済政策と会計領域を専門とする研究者を除いてわが国ではあまり知られていない。

　しかしながら，留意すべき点は，「金融サービス：行動大綱の策定」が，資本市場統合を実現するために証券発行企業と投資家に有益な統一的会計機構と会計基準を要求しているという意味において，統一資本市場に奉仕する欧州会計制度の目的と役割を市場経済から規定した経済政策であるということである。この意味において，超国家的なEUの単一会計機構の設立と欧州会計の改革は，1929年の証券恐慌を契機に証券金融市場に貢献する目的で設立された1930年代のアメリカの会計原則を別にすれば，第二次大戦以降における金融市

場政策により規定された会計制度改革として画期的な試みであるといわなければならない。

　金融市場統合5ヵ年計画は，綿密な年次計画と厳格な監視機構をつうじて大体完成されている。IASは，「金融サービス：行動大綱の策定」の構想にしたがって欧州会計にIAS適用命令（2002年7月）により導入されてのち，ドイツをはじめ加盟各国の国内法に転換された結果，2005年から個別決算書を除く域内上場企業の連結決算書に適用されることが決まっている。

　そこで，本書の各章における個別会計領域における会計現代化とIAS適用に伴う加盟国ドイツにおける会計制度の改革過程の分析に入る前に，欧州会計基準としてIASを受け入れたEUの基本理念は何か，したがってまた，新しいタイプの統一的会計機構の成立を要請する欧州市場経済政策，なかんずくEUの資本市場統合計画とは何かを明らかにしたい。

第1節　会計国際化の背景 ― 企業と投資の国際化 ―

　今日，情報・通信分野のハイテクノロジーの発展に伴って，企業および投資活動は，国境を越えグローバル化の一途をたどっている。とくにインターネットの技術的発展に見られるように，企業および投資分野におけるあらゆる経済的活動は，時空的な制約から解放されて国境を越えボーダーレス化し，国際的に常態化している。このような情報・通信分野の目覚しい技術革新は，情報技術振興政策として日本政府が発表した「e-Japan」戦略やEUの「e-Europa」のように，一方で，主要各国が情報化政策を優先的に経済政策に組み入れる状況を生み出し，他方では，経済および企業活動の越境化と国際化に対応するために，政府による国内規制の枠組みを開放して国際的基準との協調を追求する状況を導いている。

　しかし，情報・通信領域の技術革新に伴う企業および投資活動のグローバル化とボーダーレス化は，経済活動そのものに限定された現象ではなく，経済活動を支える法的，社会的制度基盤としてのインフラストラクチュアの設立に対

しても影響を及ぼしており，国内および特定地域に限定された法的，経済的および社会的規制を国際的基準に調和させる契機になっている。

世界の主要国が一国の制度的枠組みのなかで堅持してきた，その国に固有な会計基準の設計・開発を断念し，会計国際化が進展する世界的な潮流のなかで，IASの存立意義とその国際的な役割は，ますます増大している。

アメリカの財務会計基準（FAS）は，国際的会計基準として今日に至るまで主導的役割を果たしてきた。ところが，アメリカ証券取引委員会（SEC）と財務会計基準審議会（FASB）は，エンロンおよびワールドコムの会計不正と破綻に端を発する企業改革法（サーベインス・オクスリー法，2002年7月）の制定と国際会計基準審議会（IASB）との基本合意（いわゆる2002年9月のノーウォーク合意）を契機に財務会計基準の独自開発を転換し，短期の調整化の過程を経て中長期的にIASとの統合を表明している。

これに対して，EU25ヵ国の会計指令は，2005年以降，連結決算書を作成する約7,000の域内上場企業に対して，世界に先駆けてIASの適用（IAS適用命令，2002年7月）を義務づけると同時に，他方では，個別決算書を作成するその他の企業についてIASの任意適用を認めた。しかし，域内上場企業が個別決算書を作成する際に会計選択権が残存するEU会計指令を選択適用した場合，個別決算書と連結決算書に対する統一的な会計基準の適用に関連して整合性を欠くことはもとより，EUの基本目標である決算書の比較可能性と企業実態開示について透明性と信頼性が損なわれることは明白である。このため，EU委員会は，2003年6月に現代化会計指令と称して，特定金融商品およびデリバティブの評価に限定した時価評価，すなわち「公正価値会計」を各指令に盛り込むために，第4号指令（個別決算書），第7号指令（連結決算書），銀行会計指令および保険会計指令をIASに合わせて改正している。

EUと加盟各国にとって重要な問題は，今後，いつ個別決算書に対する会計基準をEU指令の枠組みから開放し，連結決算書と同様にIASに収斂するかという問題である。個別決算書の作成・表示は，配当および税額算定を主たる目的とする加盟各国に固有の国内基準を原則適用としているが，IASについては

任意適用である。しかし，域内上場企業の連結決算書に適用されるEU会計指令がIASと統合したことにより，2005年からのIAS施行後，IASは連結決算書会計実務における定着化をつうじて，ドイツをはじめ加盟各国における個別決算書基準，確定決算原則および税法会計に関係する国内会計制度の仕組みに対して少なからず影響を及ぼすに違いない。とくに，個別決算書に関するドイツ商法会計は，基準性原則の撤廃による税法会計との連携解除のタイミングを見極めながら，課税所得算定のために利用される分配可能利益計算の会計規準として維持されるとしても，IASにもとづく連結決算書会計実務の定着化に加え比較可能な年度決算書の会計基準を目指してEU会計指令の現代化が継続して行われる限り，IASとの調和化を避けて通ることはできないであろう。

それでは，EUは，なぜ，EU会計指令の独自開発を断念し，IASを欧州の統一的会計基準として導入することを認めたのか。会計領域に対するEUの経済政策上の要請とその主たる根拠は何かについて，EU経済政策と金融市場統合計画に即して明らかにする必要がある。

EU委員会とEU理事会は，金融市場統合計画に関する2つの公式文書を公表している。最初の文書は，金融市場統合計画の政策理念を説明した行動大綱[1]（1998年10月28日）であり，第2の文書は，行動大綱を5ヵ年で達成するための行動計画[2]（1999年5月11日）である。2つの文書は，共に相当な分量であるが，以下，それぞれの概要について明らかにする。

第2節　欧州金融市場統合の行動大綱

EUにおける会計領域の歴史的経緯と会計制度に関連する問題を考察する場合に留意すべきは，「域内市場は，EUの本質的基礎であり，商品，人間，サービスおよび資本の自由な流通にもとづく共通市場設立を定めたローマ条約の実現である」という欧州共同体設立の基本理念である。域内市場統合の基本理念は，いわゆる欧州パスの制定と同様に，経済的な統合目標のみならず，政治的な統合目標と関連して政治・経済の全体的視野から考察する必要がある。

ローマにおける欧州経済共同体設立条約にしたがって，欧州共同体の活動には，「域内市場競争を競争制限から守り，加盟国間の法律規定の調整」が含まれている。EUの歴史が示すように，欧州経済共同体設立条約において，加盟6ヵ国は，域内関税同盟の設立と加盟国間の法律規定の協調について協定を結び，それ以降の欧州共通市場計画の基盤を形成している。

　そして約17年の歳月を経て，1990年の東西両ドイツの再統一後，1993年のマーストリヒト条約にもとづいてECはEUに移行した。しかし，EUへ移行した時点において，EUは，EC設立当初の市場統合政策を，これを妨げる多くの障碍が残存していたために達成することができなかった。なぜなら，統一決算書と決算書の比較可能性を妨げる会計指令に残存する会計処理選択権をはじめ，域内上場認可目論見書についての証券取引開示規制の不統一と相互承認制の未完成，国境を越えた親子企業間の配当・利子二重課税に関する未調整，年金・保険ファンドに対する投資規制の存続など域内市場統合を妨げる多くの障碍が，金融サービス行動大綱の策定時点まで残存していたからである。

　このような「1993年の大市場」計画の未完成についての原因の分析と，欧州経済共同体設立条約第12条に規定された「国籍を理由とする差別撤廃」原則に立ち返って，自由な商品流通，人間流通，サービスおよび資本流通のいわゆる4つの「大きな」自由のうち，金融サービスおよび資本市場領域の政策綱領として提起された政策文書が「金融サービス：行動大綱の策定」である。

　それでは，「金融サービス：行動大綱の策定」とは，どのような政策であるか。以下，概要について明らかにする。

　EU委員会は，1998年10月28日，「金融サービス：行動大綱の策定」を公表している。「金融サービス：行動大綱の策定」の中心は，単一通貨ユーロの潜在的能力が拡大される統合金融サービス市場を実現するための2つの政策である。第1は，証券発行企業と投資家が共に利益を享受するための欧州統合金融サービス市場の創設を中心目標にしている。第2は，個人投資家（消費者）の信頼と消費者保護を維持するために，個人投資家領域における国境を越えた金融サービス提供についての障碍の除去を目標にしている。

行動大綱は，前述の2つの基本目標を実現するために，(1) 企業顧客金融市場，(2) 個人顧客金融市場，(3) 監督行政上の連携，(4) 税制，(5) 政策グループの5つの政策領域に区分し，次のごとく基本理念を明らかにしている。

(1) 企業顧客金融市場

国境を越えた証券発行企業と投資活動に関連して残存する法律上，行政上，および財政上の障碍を除去するために，行動計画が不可欠である。なぜなら，行動計画は，市場から要求されているEU企業顧客金融市場の現代化，とくに資本市場に参入する証券発行企業に完全競争の条件を保証することにより，株式・社債発行時の資本調達コストを引下げ，単一通貨ユーロの長所を補完するからである。EU委員会は，企業金融市場設立に関連して以下の政策を提案する[3]。

―不合理な加盟各国の国内規定を排除し，上場目論見書の相互承認を実現するために，証券売買と一般公募引受時の上場目論見書指令の改善を提案する。加盟各国の所轄官庁は，証券発行者に対し異なる情報提供の要件を決定している。これは，証券発行者と仲介業者が国境を越えて株式・社債を販売するときの障害になっており，投資家による金融商品の購入を妨げている。上場目論見書指令が加盟各国において不統一であるために，1989年以降，かかる障碍は克服できなかった。EU委員会は，この問題について法律改正と監督官庁の協力により改革を提案する。

―立法に規定されたリスク資本が域内で資本を調達する新興非上場企業に対して使用されているか調査する。効率的な株式市場は，急成長を遂げる新興非上場企業により利用される。EU委員会は，最近，EUの投資ファンドと共同で資本調達に特化されたベンチャーキャピタル・ファンドを支援する手段を策定した。

―企業統治に関する法的枠組みの調和化，とくに行動計画で優先順位を認められた欧州株式会社定款に関する指令案。企業顧客市場統合を容易にする理想的な企業統治について唯一のモデルは存在しない。しかし，理想的な企業統治の共通原則について合意は形成されつつある。株主平等権，企業プロセスの透明性および会計報告義務は，これにふくまれる。EU委員会は，企業統治の法的枠組みの改善に関する国家機関と民間機構の努力を支持する。企業統治および企業形態上の相違は，国境を越えた投資活動を妨げ，汎欧州企業の成立を阻害している。所在地移動法案（EU第14号指令），経営評議会における指揮権掌握手続および欧州株式

会社定款は，無条件で提起する必要がある調和化案である。
―年金ファンドおよび保険ファンドに対する投資規制を撤廃する指令案。年金ファンドおよび保険企業の管理者は，EUの貯蓄の大部分を管理している。通貨一致に関する規定により，多くのファンドマネージャーは，国内通貨建資産に投資する義務を負う。投資可能な投資対象について量的制限も存在する。このような投資制限は，機関投資家のポートフォリオ構成を著しく歪める。投資リスクと収益との関係についての多少の改善であっても，それは，年金ファンド加盟者に多大な利益をもたらし，人口統計上の推移に関連する年金金融負担の縮小に導く。欧州の株式，国際的な株式，不動産および確定利付証券に適正に分散するという意味でのポートフォリオ構成の最適化を年金ファンドに認める監督原則が必要になる。EU委員会は，年金ファンド領域の投資制限による負担を撤廃する考えである。
―EU会計指令に規定されている会計選択権が決算書の比較可能性と透明性を強化するために財務会計報告の調和化の要件と一致するか再検討する。多くの企業は，未だ統一的な会計基準により年度決算書を作成していない。欧州企業は，1999年より年度決算書を単一通貨ユーロで提出する。ニューヨーク証券取引所またはナスダックに上場している欧州企業の数は，1990年の約50社から1998年には250社に増加し，3,000億ドルの資本を調達した。欧州企業が多様な決算書を作成すると同時に異なる会計原則を適用する必要がないように，EU会計指令は，IASとの統合を迫られている。したがって，単一通貨ユーロの導入により，EU会計指令はIASと調和する必要がある。
―EU会計指令とIASCによるIASとの統一化計画の策定。EU委員会は，年度決算書の比較可能性の改善による国境を越えた投資活動を勧告する。EU委員会は，とくに「公正価値」会計をEU指令に導入することにより，EU会計指令とIASとの統一に努力する。
―EU委員会は，EU会計指令が予定する多種多様なオプション権が必要であるか再検討する考えである。EU委員会は，さらに，上場企業にIASのような国際的枠組みに完全に一致した年度決算書の作成を要求すべきかどうか検討する考えである。また，EU域内の投資家および資本市場に会計情報を提供する場合に法定監査人の役割について共通する理解も啓発する必要がある。
―加盟各国の国内規準から生じる問題を解決するために，証券サービス指令の改善に関する対策を計画する。証券サービス指令の枠組みにおいて，各国の法律規定に固執することは，混乱状態に導く。これは，ある加盟国の証券サービス業者が証券サービス指令の意味する他国の「規制された市場」への参入を難しくし，市場の競争を妨げる。証券サービス指令第11条は，各国監督官庁に裁量権を与えて

いる。「適格および適正」のような重要な概念の解釈も多種多様である。証券監督官庁間の協力関係は，状況の改善に導く。
——年金・保険ファンドのような金融商品について同一の競争条件を設定し，監督法規定および税法規定を調整する。年金ファンド，生命保険のような金融商品は，異なる規制要件にしたがっており，税務処理も各国で異なっている。このため，自由裁量により金融商品の差異が生じており，特定の資産管理者に不当な特権が与えられている。EU委員会は，規定の整合性と消費者および効率的競争に関する透明性の向上に努力する。EU委員会は，証券サービス指令の改革を確約する。とくに欧州株式会社定款および投資機構に関する提案は，緊急に成立する必要がある。

(2) 個人顧客金融市場

統合金融市場が実現に向けて進歩しているにもかかわらず，消費者に対する伝統的金融商品の国境を越えた販売は，依然困難である。加盟各国の価格差も大きい。金融市場の完全統合の目標を消費者保護および消費者の信頼の確保に一致させるために対策が必要であり，EU委員会は，以下の点を提案する[4]。
——金融サービスの専門的利用者（企業顧客）と非専門的利用者（個人消費者）とを区別する。したがって，専門的顧客とは対照的に，個人顧客に提供される金融サービスに受入れ加盟国の要件を適用できるように計画する。
——加盟各国の「公益」原則の相違を明確にし，透明性を改善し，受入れ加盟国の規定と政策目標との一致を検証する。
——消費者の求償手続草案および金融サービスの顧客に関する苦情処理手続草案を提出する。
——EU委員会の通告「金融サービス：消費者の信頼強化」において「緑書」で報告された対応措置をとる。
——保険仲介業者が厳格な保護規定を満たすことを保証する新提案を検討する。EU理事会とEU議会は，電子貨幣と金融サービス遠隔販売の提案を承認し，提案を加盟国に転換するためにEU委員会と協力する。

(3) 監督行政上の協力

金融安定性を確保するためにEUレベルの新協定を締結しなくても，国内監督官庁間の組織的協力で十分である。しかし，今日，この協力は臨時的である

第1章　EUの金融市場統合と会計戦略　21

ため，強化されなければならない。とくに証券市場監督行政において市場統合の発展に歩調を合わせるために，現在の協定では不十分である。したがって，EU委員会は，以下，提案する[5]。

―監督機能をもつ多様な各種諮問機関のEUレベルの管轄権と調整機構を規定する「監督官庁憲章」の完成。

―加盟国とバーゼルの銀行監督委員会と共同でEU銀行資本規定を現代化するためにEU銀行資本規定を再検討する。

―EU委員会は，金融規制領域において国際的合意の達成と善政の原則の実施に重要な役割を果たす考えである。EU委員会は，金融の透明性を向上させ金融監督官庁の任務を軽減するために，会計原則に関するIASを支持する考えである。現行のEU銀行資本充実要件の中心的要素は，監督行政と銀行制度を現代的な在り方に転換するために検討中である。

―金融コングロマリットから提起される監督法上の問題を検討する。

(4) 税　制

　自由で競争力のある金融市場の利点は，単一通貨ユーロの導入により為替相場リスクが消滅したにもかかわらず，金融活動に係わる加盟各国の税金獲得競争により減殺されている。1997年12月1日にEU金融閣僚理事会により承認された一括税指令案は，域内における税の歪みを排除するための解決策を明らかにしている。税の歪みが問題になるのは，資本収益に関する異なる税務処理とくに利子収益の獲得競争（利子収益課税は配当収益課税より低い）と各国の金融行政当局間の不当な税競争についてである。とくに，作為的な税システムにより外部からの借入金融が拡大し，企業は株式発行により自己資本を調達できない。投資家は，リスクに見合う投資の報酬を得ることができないというコストシグナルを受取っている。

　国境を越えた販売を妨げる年金ファンド・生命保険の課税に関連して，各国の税務処理を統合するための行動計画を設定する必要がある。EU委員会は，国境を越える年金ファンドへの加入者に関する税の障碍を除去するために，新しい政策を提案する。税務上の重要な措置として，以下の政策を提案する[6]。

―金融センター間の有害な税競争の規制。

―労働力の流動化を促進するため，年金ファンドへの国境を越えた投資活動に関する税障碍の除去。
―債券・株式の各国の税務処理における相違の撤廃。高税率の株式投資税制の廃止。
―企業課税の行動法典の設定。

(5) 政策グループ

EU委員会は，以上で明らかにした対応措置の議論に参加するようEU理事会とEU議会に要請する。

政策上の飛躍を持続するために，EU委員会は，金融担当閣僚代表のEU委員会委員マリオ モンティを議長とする「金融サービス政策グループ」の設置を提案する[7]。このグループは，EU委員会通告で提案された対応措置について優先順位を設定する。金融サービス政策グループは，金融域内市場にとって不可欠な戦略をいかに導くかという問題についてEU委員会に助言する。とくに金融サービス政策グループは，加盟国への金融サービス指令の転換と実施について共通監視機関として機能する。

第3節　中間総括 ― 行動大綱における会計現代化構想 ―

以上が1998年10月28日のEU委員会による通告「金融サービス：行動大綱の策定」の要旨である。

この行動大綱において注目すべきは，金融サービス市場に関する行動大綱を支える重要な戦略として，会計改革が提案された点である。企業の資本調達コストの引下げによる域内の経済成長と国際競争力の強化は，国境を越えた企業の証券発行と投資活動を妨げている各国証券市場を統合し，域内共通の上場認可基準と統一的会計基準にもとづく統合証券市場設立が必要である。このため，EU委員会は，統合金融市場設立の鍵を握る会計領域に対してEU会計指令に残存する会計処理選択権の撤廃に向けて年度決算書の比較可能性を重点に指令の現代化を要求した。年度決算書の比較可能性は，統一的会計基準により作

成された年度決算書を意味する。したがって，EU会計指令の現代化は，欧州会計制度の役割を国境横断的な証券市場と投資家の投資決定に有用な統一的規準機構として方向づけた政策である。

これと同時に，IASとEU会計指令との統合がEU委員会により政策課題として日程に載せられた。これは，EU委員会通告「会計領域の調和化：国際的調和化のための新戦略」（1995年11月）におけるIASとの妥協的な「調和化」路線からEU指令の検証・承認メカニズムをともなう「統合化」への転換である。

この間，EUがIASとEU会計指令との統合化を視野に入れるのに十分な転機があった。1995年7月の証券監督者国際機構（IOSCO）と国際会計基準委員会（IASC）との「コア・スタンダード」制定作業に関する合意と，IOSCOによる上場認可・証券公募時の公的認可基準としてのIASの正式承認である。

EU会計指令の現代化および国際化という2つの課題が会計制度を設立する際の比較可能な決算書という基本目標にしたがって提起された点に行動大綱の果たした重要な意義がある。すなわち，会計基準および決算書の「比較可能性」というキー概念を媒介にして，一方で，妥協的産物として加盟各国に容認された会計選択権の削減によりEU会計の現代化を促し，他方では，IOSCOにより承認されたIASとEU指令との統合化を進めることが行動大綱の狙いである。かかる戦略を提起したのは，域内担当委員マリオ モンティを議長とする「金融サービス政策グループ」である。1999年5月のEU委員会通告は，冒頭で次のように述べている。「金融サービス政策グループの議論は，比較可能な決算書およびIASとの適合という2つの目標をいかにして同時達成できるか，という重要問題を解決した。」[8]

第4節　欧州金融市場統合の行動計画

以下，明らかにするEU委員会通告「金融市場大綱の転換：行動計画」（1999年5月11日）は，政策理念の解説書である「金融サービス：行動大綱の策定」にもとづいて政策項目と実施日程を優先順に明らかにした実施計画書である。

そこで最初に「金融市場大綱の転換：行動計画」の概要について明らかにし，その後で，かかる行動計画に組み込まれた「EUの新しい会計戦略」に関連してEU会計制度の目的と意義について分析することにしたい。

行動計画は，次の前書きから始まる。

「1973年以来，ECは，金融サービス市場の設立に取り組んできた。しかし，EC金融市場は，未だに分断されたままである。金融業界も消費者も依然，国境を越えて金融機関サービスを利用できない。しかし，単一通貨ユーロの導入により，EUは，資本調達および証券仲介コストを削減するために金融サービス市場を設立する二度とないチャンスを得た。金融サービス市場に関連して企業顧客と個人顧客が利益を享受することは明白である。その結果，ECにおける投資と雇用を促進する。」[9]

行動計画は，領域別に，戦略目標1「EU統合企業顧客市場」，戦略目標2「開放的かつ自由な個人顧客市場」，戦略目標3「監視機構」と，その他の戦略目標「統合金融市場のための包括的前提条件」の4つに区分されている。

戦略目標1：EU統合企業顧客市場

行動計画は，次のように述べている。

単一通貨ユーロには，証券・デリバティブ市場を現代化する浄化作用がある。EU金融市場の改革の方向は明確になった。とくに改革すべき領域は，多種多様な証券取引所間の関係と，証券決済と決済流通システムとの連携である。現在の法律上，行政上の障碍を除去して統一証券システムを完成し，同時にEU証券市場への統一登録・上場システム（欧州パス：一回の登録で域内すべての市場に参入可能なシステム）の実現によって投資家と証券発行企業の利益を保護することが必要である。したがって，企業顧客市場において以下に示す6つの領域，すなわち(1)「統合有価証券・デリバティブ市場に関する共通の法律大綱」，(2)「EU全域の資本調達」，(3)「株式会社の統一年度決算書」，(4)「年金システムの域内市場大綱」，(5)「決済システムリスクの抑制」，(6)「国境を越えた構造転換に関する安全かつ透明な周辺領域」において行動計画を設定する必要がある。

第1章　EUの金融市場統合と会計戦略　25

(1) 証券・デリバティブ市場の統合に関する共通の法律規定の創設

　証券サービス指令（ISD）は，統合証券市場を形成する場合に改善しなければならない。EUは，金融サービスに関する国境を越えた証券取引の旧来の規制を撤廃する必要がある。加盟各国の有価証券サービス指令には，顧客と投資家の取引範囲について配慮が必要であるにもかかわらず，国境を越える取引について障碍がある。旧態依然の現行の法律状況にもかかわらず，加盟各国の行政当局は，適正原則の適用について慎重である。しかしながら，統合証券市場を設立するために，証券サービスの前提である原則の適用範囲の考慮が必要である。

　各国監督官庁の解釈をまとめたEU委員会通告は，一般投資家と専門投資家との境界を明確化するための最も重要な第一歩である。競争力のある資本市場の現行の法的枠組みは，次の点を統一することが必要である[10]。

対応措置①　専門的投資家と標準的消費者との区分に関するEU委員会通告，
　目標：投資家保護条例の適用に関する共通解釈の統一

対応措置②　市場操作規制指令案，目標：機関投資家と仲介業者の市場操作の
　制限による市場統合の強化

対応措置③　証券サービス指令改正に関する緑書，目標：統合証券市場の基礎
　としての証券サービス指令の完成，目標：仲介業者の市場参入障壁の撤廃

(2) EU全域の資本調達

　証券発行企業が他国における証券発行に先だって，複数の文書をセットで作成する必要がある場合，コストが高くなるだけでなく，EU域内の資本調達活動も妨げられる。1989年の上場認可目論見書指令によって実現すべきであった上場認可目論見書の相互承認は，各国が独自に規定した上場認可目論見書が原因で挫折した。

　EU委員会通告「リスク資本：EUにおける雇用創出の鍵」は，投資と雇用創出に関連してEU資本市場が未発達のためにEUが取り逃がしたチャンスを取り戻すことを強調している。効率的な統合資本市場を設立する場合の障碍は，証

券取引規制が各国に分裂されていることに起因する。この矛盾は，リスク資本市場が投資を誘致するときの障碍になる。証券監督官庁レベルの緊密な連携作業は，この目的に役立つ。各国監督官庁の連携作業は，行動計画に組み込まれており，改正に向けて義務づけられている。

上場認可目論見書指令の転換を改善するために，EU委員会と欧州証券委員会フォーラム（FESC）との協同作業が強化されている。この協同作業にもとづいて，上場認可目論見書指令は改善されるであろう。

リスク資本市場について政策の推進力を持続するために，加盟国におけるリスク資本に関する行動計画の加盟国への転換の進捗状況について中間報告が，カーディフの欧州閣僚理事会により確認されている。中間報告書は，雇用創出に関してリスク資本市場を利用するため，各国の対応措置を明らかにしている[11]。

対応措置①　上場認可目論見書指令改正，目標：特定の加盟国で認可された上場目論見書を全加盟国で承認するために相互承認に関する障碍の撤廃。「証券市場登記大綱」の承認により，年度決算書から得られる目論見書により域内資本市場参入が可能になる

対応措置②　定期情報指令の現代化，目標：情報開示の頻度と高品質の情報は市場への信頼を増大させ投資を誘致する

(3)　株式会社の統一年度決算書

比較可能な，透明かつ信頼できる年度決算書は，統合資本市場にとって絶対に欠くことができない前提条件である。比較可能性の欠如は，国境を越えた投資活動の障害である。なぜなら，決算書の信頼性は保証できないからである。金融サービス政策グループの調査から，企業がEUで資本を調達し，統一会計基準により作成される決算書を使用するための計画を緊急に策定する必要性が明らかになった。企業の資本調達は，EU域内に限定されない。欧州企業は，国際資本市場も使用しなければならない。EU域内市場における比較可能性についての改善措置は，国際的に認められた会計基準の発展を反映したものでな

ければならない。現在，IASは，国際市場で資本調達する機会を企業に与える統一会計基準として最良の会計基準である。同様に，国際監査基準は，決算書が信頼されるための最低条件を設定している。

金融サービス政策グループの議論は，「いかにして比較可能な決算書およびIASとの統合という2つの目標を同時達成できるか」という極めて重要な問題を解決した。現在，EU会計指令の国内転換規定による決算書作成の代替方法としてIASによる年度決算書作成選択権を維持する解決策が検討されている。

年度決算書の比較可能性は，会計基準選択権を適用した企業の国内基準とIASとの相違を排除することにある。IASにより作成された決算書がEU規定に一致し，すべての点でEUの利益を配慮しているかを担保するために，IASの検証は必要である。前述の対策は，1999年末までに公表され，第4号指令と第7号指令の改正を予定するEU委員会通告において検討される。これとは別に，EU委員会は，決算書監査問題を取扱う考えである[12]。

対応措置① 「公正価値」会計を実現するための第4号指令および第7号指令の改正，目標：欧州の株式会社は特定金融商品をIASにより「公正価値」で表示する

対応措置② EUの会計現代化戦略に関するEU委員会通告，目標：EU会計指令と国際的会計基準による年度決算書との組合せにもとづくEUの株式会社決算書の比較可能性の改善に関する戦略草案。この戦略草案は，EU会計戦略から離脱することなくEUの株式会社により適用されるため，IASを検証するEU諸機構について定める

対応措置③ 第4号指令および第7号指令の現代化，目標：IASの発展を考慮するために第4号指令および第7号指令と域内市場条件との調整

対応措置④ EUの決算書監査に関するEU委員会通告，目標：EUの監査の質的保全と監査原則における対応措置による法定決算書監査の質的改善

(4) 年金システムに関する域内市場大綱

各国年金システム領域は，国内事情に照らして年金制度を組織化することで

ある。しかしながら，企業年金システム（雇用問題に直接関連する企業年金）が存在する場合，企業年金システムは，統一域内市場計画において運営される。企業年金システムに関する大綱計画の創設は，金融サービス政策グループから非常に高い優先順位に格付けされた結果，別途，検討することが妥当である。論議の中心は，どの程度まで金融サービス監督法の大綱が年金ファンド構成員の利益を侵害することなしに，年金ファンド運用企業に年金ファンドの発展可能性を与えるかという問題である。単一通貨ユーロの導入により投資対象の資産カテゴリーに関する厳密な命令は，高品質の監督基準に代えられる。この方法により，年金ファンドは，長期債務に適正に一致し，リスクを縮小するための資産選択の機会を与えられる。資本補填による年金システムを実現するために，年金受給権者の安全を保障する監督法が必要である。年金ファンド構成員のための高水準の安全性と年金ファンドの順調な発展は，雇用創出に貢献するだけでなく，資金調達の負担を軽減する。

　従業員が他国に移動した場合の年金給付請求権についての規定上の不備も，従業員の社会的移動を妨げている。なぜなら，特定の加盟国から他国に従業員の年金給付請求権を移転することが困難であるだけでなく，特定国籍所有者の他国年金システムへの加入が不可能であるからである。

　年金システムに関する監督法大綱は，金融サービス政策グループと保険委員会において審議された。行動計画は，年金ファンド監視指令案の土台として利用される。監督法大綱は，認可，報告義務，年金適格基準，債務および投資に関する規定，年金に関する税規定の統合，労働力の社会的移動性についての障碍の除去について規定する予定である[13]。

対応措置①　資本補填による年金システムに関するEU委員会通告，目標：監督法上の被保険者保護条項と被保険者受益権を保護するため年金システムの監督法の大綱について助言する

対応措置②　投資ファンドの国境を越えた証券販売指令案の政策的合意，目標：当初の提案により年金ファンドを投資できる対象資産の選択肢が拡大するため，投資ファンド株式証券の国境を越えた販売の障碍が除去される。第

2の提案は，年金ファンド運用企業について欧州パスを規定し活動範囲を拡大する

対応措置③　年金ファンド監督指令，目標：EU委員会は，年金ファンド監督指令を提案する。この提案は，現在，EUで活動中の多様な年金ファンドについて考慮し，認可，会計基準，適格基準，債務および投資規定に及ぶ

(5) 決済システムリスクの抑制

　収支決済と証券受渡決済システムの効率性に関する指令の導入は，収支システムと証券受渡システムの安全性に関する共通規定の重要性を明らかにしている。国境を越えて保障される安全性の相互受入れと徴収可能性は，EU金融システムの安定性と低コストの統合証券決済システムのために不可欠である。現在この前提条件は満たされていない。国境を越えた安全性の協定について無効宣告のリスクがあり，保証人が支払不能の場合，徴収は不確実になる[14]。

対応措置①　決済確定に関する指令案，目標：円滑な決済システムの要素としてEU統一指令の適用

対応措置②　国境を越えた証券担保取引に関する指令，目標：国境を越えた証券担保取引の取引可能性に関する法的安定性

(6) 国境を越えた企業構造転換に関する安全かつ透明な周辺領域

　EUは，広範囲におよぶ産業構造転換の真只中にある。金融セクターは，その最前線である。欧州株式会社の買収提示および定款に関するEU指令の成立により，少数株主保護と会社法の仕組みを緩和するために必要な法的基礎を創る。欧州の株式会社定款を改善するため，EU委員会は，国境を越えた企業結合ならびに会社所在地移転に関する指令案を提起する。

　金融サービスに関連する場合に，企業構造転換に関する周辺領域の安全性と透明性の保障は，極めて重要である。効率的な企業構造の成立と同時に，鍵としての金融サービスの役割を考慮して，域内資源の効率的配分の保証が重要である。したがって，監督官庁は，透明性と差別撤廃の原則を遵守して，企業構

造の転換(合併，買収，買収提示)にともなう効率的配分を認識すべきである[15]。

対応措置① 合併買収に関する指令案の統一，目標：買収提示に関する法律問題の明瞭化，企業統治と経営者との恣意的混同による企業構造歪曲の是正

対応措置② 欧州株式会社定款に関する政策の統一，目標：株式会社が統一した法的枠組みにおいて域内で事業を開始できる法律の創設，共同決定権の明確化と企業統治の共通手続に関する原則の拡大

対応措置③ EUの企業統治で実施される手続の再検討，目標：企業統治の法律上および行政上の障碍に関する調査

対応措置④ 第10号指令の改正，目標：国境を越えた企業結合の実現

対応措置⑤ 第14号指令，目標：特定加盟国から他国への会社所在地変更の実現

戦略目標2：個人顧客市場

EU金融市場の基本改革は，企業顧客市場の改革を大前提にしている。しかし，個人顧客取引も金融市場の調整過程にふくまれる。したがって，個人顧客市場と消費者保護に関するEUの対応措置は，優先順位が高い。

金融サービス域内市場に関する政策的枠組みのなかに，EU全体に金融サービスを提供する機会を金融機関に与える法律の枠組みが取り入れられ，欠損信用機関とシステムリスクに関する「保護の壁」が設置された。預金者と被保険者は，支払不能から保護されている。しかし，国境を越えた金融サービスの提供は，多くの障碍に遭っている。とくに金融商品販売に関する法律は，対策を求められている。このほか，加盟各国は，不当取引行為から守り，金融サービスの信頼性，完全性および金融サービス業者を保護するために，国内規準を適用している。しかし，これは，消費者と金融サービス業者が選択と競争という形で欧州金融市場を活用することを妨げている。消費者が金融サービスの完全性とサービス業者の販売方法，投資勧奨レポート，係争時の損害賠償の有効性を信頼する限り，国境を越えた取引は隆盛する。現在，金融サービス業者は，他国に定住する顧客に対して金融サービスを提供できない。重要な要件につい

て相互承認制を実施する必要がある。

　金融サービス業者と消費者が信頼と法的安定性を享受することを妨げる規制は，除去する必要がある。EU委員会は，行動計画の必要性が次の6つの領域（情報と透明化，求償手続，消費者保護規定の適用，個人顧客への電子金融取引の開放，保険仲介業者，国境を越えた資金決済）にあると考える。

(1) 情報と透明化

　透明な消費者情報は，国外投資が問題になる場合に，絶対に不可欠である。消費者は，契約，金融サービス業者および販売される投資形態の特質を判断するために情報を必要としている。情報種類の明瞭性は，金融サービス業者にとって有利である。なぜなら，取引相手国市場での活動が容易になるからである。

　EU委員会は，金融サービスについてサービス業者と消費者の対話政策を追求する考えである。最初に抵当信用情報に関する行動法典（Verhaltenskodex）を予定している[16]。

対応措置①　顧客情報に関する行動基準の勧告，目標：消費者との対話により
　　EU委員会は，国境横断的な抵当信用情報について行動法典を通告する

対応措置②　明確な顧客情報に関するEU委員会通告，目標：消費者が他国におけるサービス提供，サービス保証および履行を判断できるように包括的情報義務の確定

(2) 損害賠償手続

　金融市場へ参入する場合の最も重要な障碍は，国境を越えた係争事件の損害賠償に関する個人投資家（消費者）の不安である。国境を越えた取引の信頼を築くために，係争事件の収拾について裁判および裁判以外の手続が利用される。

　域内市場の所轄官庁間の協同作業にもとづいて，EU委員会は，域内苦情処理ネットの開発を立案した。EU委員会は，消費者係争事件についての対応措

置を勧告「消費者係争問題の裁判以外の収拾に関する主務官庁の適用可能原則」に依拠し，それにしたがう考えである。消費者係争事件に責任をもつ裁判所以外の主務官庁間の協同作業を推進するために，EU委員会は，国境を越えた係争事件解決のために主務官庁間のネットワークによる連携を支援する。個人投資家は，国境を越えた係争事件について自国裁判所以外の主務官庁をつうじて国外主務官庁に国境を越えた係争事件処理を引渡す機会を与えられるべきである[17]。

対応措置　金融サービスの遠隔販売指令案の政策的合意，目標：指令案の目標は，消費者に対する企業マーケティングと販売技法に関する規定の統一である

(3) 消費者保護規定の適用

　基本的な消費者保護が全加盟国で同一である場合，加盟国の所轄官庁は，追加負担を負わせることなしに他の加盟国の認可を受けた金融サービス業者に特定加盟国の顧客と取引契約を結ぶ機会を与えることができる[18]。

対応措置①　消費者と企業との関係に関する各国規定の実質的相違についてのEU委員会報告，目標：報告書において金融サービスについて企業と消費者との国境を越えた取引についての障害を報告する

対応措置②　保険領域のサービス自由化と公益規定に関する解釈指針の通告，目標：統合域内市場実現に貢献するために加盟国，保険企業および個人消費者の法的安定性と明瞭性を保障する

(4) 個人顧客への電子金融取引の開放

　電子取引流通は，個人顧客取引と金融サービスの販売を一変させた。EU内外の金融サービス提供者は，国境を越えて最小限の販売費で潜在的顧客と関係する機会をもつ。革新的金融商品は，金融サービス利用者に役立ち，市場統合を強化する。電子取引と遠隔販売に関する指令案は既に公示されており，電子取引と遠隔販売の一体化を可能にする[19]。

対応措置　電子金融サービス取引政策に関するEU委員会緑書，目標：国際的発展と技術的進歩を考慮した企業顧客セクターに関する統一的政策

(5) 保険仲介業者

加盟各国は，保険仲介業者に関する消費者保護条例を立案しているが，各国の法規定は非常に異なっていた。このため，自由なサービス提供は妨げられていた。効率的に機能する保険域内市場の目標により，自由なサービス提供と高レベルの消費者保護を実現するために，保険仲介業者規制に関する共通計画を開発する必要がある[20]。

対応措置　保険仲介業者指令改正案，目標：保険仲介業者の自由なサービス提供と保護条令現代化による消費者保護の向上

(6) 国境を越えた資金決済

最高の政策レベルの支援がなければ，金融サービスの個人顧客に欧州単一通貨の利点が与えられない危険性がある。とくに，加盟国間の少額振替は，安全かつ安価な国境を越えた支払を実現する決済インフラが設立されない限り，高コストである。現在，国境を越えた少量振替および構造上，管理上の要素は，最新インフラの設立を妨げている。国内の信用資金送金と同一水準にコストが下がる場合，数十億ユーロの節約になる。国内の決済システムの提供サービスのように，国境を越えた少額振替のために，統合決済システムを設立する必要がある[21]。

対応措置①　決済流通市場のEU委員会通告，目標：国境を越えた個人顧客決済を安全かつ安価に実施するための公的部門と個人部門のガイドライン。通告は振替に重点をおくが，カード，小切手および現金決済も取扱う

対応措置②　決済システムの詐欺・偽造防止に関するEU委員会の行動計画

戦略目標3：監視機構

EUの監督法および規制の仕組みは，金融サービス領域における域内市場成立の基礎を配慮したものである。監督要件について各国の歩み寄りは，金融監

督官庁の協同作業に関する非公式議定書の包括システムにより支持されている。このシステムは，金融サービス域内市場に関するEU指令の導入および適用について共通原則の制定により改善される。

しかしながら，今後，新しい挑戦が生じる。単一通貨ユーロの導入により加速した市場統合のテンポと市場間の提携強化は，制度とシステムリスクを把握し監視するために既存の構造について分析を必要とする。EU銀行市場と証券市場との相互交流で特徴づけられる領域では，現状維持は困難である。それゆえ，域内統一市場の規制と監視を保証するために，監督・規制構造について検討する必要がある。

EUは，金融機関の監督にあたり最高基準を堅持すべきである。金融機関の監督基準は，市場の発展に適合しなければならない。また，自己資本要件は，EUの銀行，保険企業および証券会社が負担するリスクを反映する必要がある。ハイブリッド金融商品は，新しいリスクをもたらし既存リスクも増大させる。自己資本充実要件は，適正でなければならない。EU委員会は，監督法の問題に対応するために，指令案を通告する。この戦略は，金融コングロマリットのような領域の監視計画に関する方針の決定に有益である。EUは，金融規制領域の国際的フォーラムにEUの監視計画を聞いてもらい，整合性のある規制行為に参加する必要がある。金融サービスに対する世界的規制は，世界貿易機構（WTO）の支援により国際自由主義が急速に進展するにつれ重要性が増大している。

(1) 多様な領域の結合関係により，監督法上の管轄領域の明確な区分が必要になる。しかし，セクター内部の銀行，保険，証券会社で検討されている多くのテーマは，セクター横断的な意義をもつ。したがって，全セクターの経験とリスクについて協同作業の強化，監視を行う必要がある。

(2) 証券市場領域においては，欧州証券委員会フォーラム（FESCO）の創設による安全保障機構間の緊密な協同作業は，高く評価されなければならない。国境を越えた証券売買取引と証券発行は，日常化している。EU委員会は，域内市場統合という壮大な計画に照らして証券市場監視に関

する監督官庁の創設を提案する。
(3) EUの規定は，加盟各国の銀行監督機関の国境を越えた協同作業について法的拘束力をもつ規定として機能している。EUの協定は，各国銀行監督機関の協同作業に関する双務議定書により定められている。大企業が破綻したときに，国境を越えた影響をカバーするのに，現行の協定では耐えられないという批判がある。したがって，全加盟国と欧州制度をふくめて，銀行監督に関する現行協定を検証するための条件を確定すべきである。

現在，国内レベルで監督法規定が決定され，銀行セクター，保険セクター，証券セクターの監視が当該監督法規定により実施されている。EU委員会は，銀行，保険および証券セクターの監督法上の規制を高レベルに維持することを提案する。この場合，バーゼルの銀行監督委員会の作業を考慮に入れる。

EU委員会は，金融コングロマリット監視に関する作業に着手し，官庁間のセクター横断的な議論と協同作業を強化するために規制する考えである[22]。

対応措置① 保険企業の再建・清算指令案の成立，目標：手続の相互承認と統一性原則，普遍性原則，公開性原則および差別撤廃の原則による域内保険企業の再建・清算の法的枠組みの創設

対応措置② 信用機関の再建・清算指令案の成立，目標：再建清算に関する共通原則により信用機関の支払不能手続および関係官庁所轄権に関する統一原則の確定。これにより支払不能機関の活動継続を阻止する

対応措置③ E-資金に関する指令案の成立，目標：資金提供者に関する市場参入と規制，インフラと技術の改善，伝統的信用機関以外の信用機関がE-資金サービスを提供できる監督規定の明確化。国境を越えた活動の実現

対応措置④ 資金洗浄規制指令改正，目標：事前行為の定義を拡大し，告知義務を非金融活動に拡大することにより詐欺と資金洗浄を排除する

対応措置⑤ デリバティブの開示に関する解釈問題のＥＵ委員会通告，目標：投資家に対する情報提供ならびに市場透明化と市場規制の促進に関する銀行および他の金融機関活動の公開強化

対応措置⑥　支払能力・自己資本指令改正案，目標：市場展開に伴う銀行自己資本要件の検証作業はバーゼルの銀行監督委員会の作業と平行して行う。EU自己資本規定の廃棄

対応措置⑦　保険指令の支払能力要件の改正案，目標：保険企業の責任資本とリスクとの均衡による消費者保護

対応措置⑧　第三国との情報交換を実現するための保険指令改正案，目標：金融安定強化のため国際情報交換の資料作成

対応措置⑨　金融コングロマリット監督規定改正案，目標：適正な監督規定を保証するため現行法律の不備と監督リスクの排除

対応措置⑩　証券規制委員会の創設，目標：証券規制委員会はEU規定の完成に貢献する。EU機関の準備は，委託方式による合意を前提とする

戦略目標：統合金融市場のための包括的前提条件

　市場統合の障碍である「各国で異なる税法規定」の撤廃および「欧州域内の企業統治に関する法律」の統一化を以下のように提案する[23]。

対応措置①　資本収益課税指令の成立，目標：資本・金融サービスに関する障碍を排除するための個人貯蓄に関する異なる税法規定の統一

対応措置②　1997年12月の企業課税行動法典（Verkaltenskodex für die Unternehmensbesteuerung）の転換，目標：EU域内の企業活動に影響をおよぼす有害な税競争の排除

対応措置③　金融サービス課税の検証，目標：国境を越えた取引のコスト引下げと障碍の排除

対応措置④　年金の税法規定の調整に関する草案，目標：年金ファンドへの移動労働者拠出金の税務処理に関する法的措置についての提案の完成

対応措置⑤　EUで実施されている企業統治手続の検証

　以上が，「金融市場大綱の転換：行動計画」の概要である。

第5節　結論 ─ 証券市場政策が要請するEU会計の現代化 ─

　EU委員会の行動計画は，国境を越える横断的な欧州会計制度を設立するために，重要な問題を提起している。前述の中間総括で明らかにしたように，留意すべき点は2つある。
　第1は，EU委員会の通告において，「比較可能な年度決算書」の作成表示が要求された点である。第2は，「EU会計指令とIASとの統合化」が金融市場統合にとり不可欠な政策課題として要請された点である。
　比較可能性という概念は，域内で33の証券取引所に分散されたままの各国証券市場を完全統合または相互承認し，統合金融市場の設立を支えるためのEU会計の指導原理として提示された戦略的なキー概念である。
　これに対して，EU会計指令とIASとの統合計画は，IASが高品質の会計基準として完成されてゆく歴史的経過に加え，各国の政治・経済的要因や国際的企業の展開が関連するために複雑な進行状態を示している。
　しかし，米国のSECをリーダーに結成された証券監督者国際機構（IOSCO）によるIASの公式承認（1995年7月）が，EUの調和化から統合化への転換に影響したことは相違ない。EUの公式文書もこれを認めている。よく知られているように，IOSCOは，企業が国外の証券市場で上場認可申請または証券発行により公募を行う場合に，各国会計基準の相違が障碍になるため，相互承認を前提とするIASが決算書に関する最適な会計基準であるという見解である。
　IASCは，「財務諸表の比較可能性プロジェクト」（1987年3月）の設定をつうじて会計処理の選択肢の削減に着手し，これを契機に諮問グループに参加したIOSCOの要求により，40項目の「包括的コア・スタンダード」の見直しとその完成を条件にIASの正式承認について1995年7月，IOSCOと合意している。IASCとIOSCOとの協定にしたがって，決算書と会計基準の比較可能性を改善するために，包括的なコア・スタンダードが1998年までに完成する過程を視野に入れて，同時並行的に，マリオ モンティEU域内市場委員を中心に策定され

たのが,EU委員会通告「会計領域の調和化:国際的調和化のための新戦略」(1995年11月)である。

EUの二元的な会計戦略は,域内企業と各国個別決算書基準については各国の国内事情(会社法上の分配可能利益計算を利用した税法上の税額算定)に留意しつつ,比較可能性の改善によるEU会計指令の現代化を促進するとともに,国際資本市場に参入する欧州企業と連結決算書についてはEU会計指令の国際化すなわちIASの導入をもって対応する。このような二面作戦を採るEUの新しい会計の機構—目的,役割および仕組み—に対する要請と戦略的基礎を欧州経済政策の側から提示したのが,行動大綱とこれに続く行動計画である。EUの会計戦略は,金融市場統合計画の枠組みに組み込まれた会計領域の行動計画にほかならない。

第6節 EUの会計戦略 — 金融市場統合計画の中核 —

金融サービス市場統合に関する行動大綱と行動計画から,EUの会計領域において改革すべき問題点と政策課題の骨格が明らかになった。

EUの会計領域における改革問題は,リスボンにおけるEU理事会特別会議(2000年3月)直後の2000年6月13日,「EUの会計戦略:将来措置」として公表されている。そこで,次に「EUの会計戦略:将来措置」[24]の内容について明らかにする。

EUの会計戦略は,(1) 総括報告,(2) 序文,(3) 会計領域における国際的発展,(4) EU戦略,(5) EUにおける会計,(6) 新しい将来措置—①統一会計原則,②IASの適用領域,③一括登録制度,(7) 新しい会計戦略に必要な社会基盤—①監視の実施,②実施の社会基盤—,(8) 転換日程と過渡期,(9) 結論の9章から構成されている。以下,概要を明らかにする。

(1) 総 括 報 告

リスボンのEU理事会特別会議における結語において,EUにおける経済成長

第1章　EUの金融市場統合と会計戦略　39

の促進と雇用場所を創出するために，効率的かつ透明な資本市場の重要性が強調された。情報技術分野のグローバル化と発展は，EUにおける統一的，効率的かつ競争力のある証券市場の実現に対して比類のない刺激を与えた。有価証券の域内市場の完成を加速するために，リスボンでEU理事会から要求されたように企業決算書の比較可能性を改善するために会計領域において緊急措置が必要である。この通告は，次の対応措置をふくむ。

— 2000年末前に，EU委員会は，統一会計規定，すなわちIASにもとづく連結決算書の作成をEUの全上場企業に求める提案を行う考えである。この要求は，遅くとも2005年から義務づけられる。

　それに加えて，加盟国には，IAS適用を非上場企業および個別決算書に拡大する機会が与えられている。さらに，本案には，IASの早期導入を促進するために，経過規定がふくまれている。そのほかに，本案には，EUレベルで承認手続を設定するための規定がふくまれる。この承認手続により，
＊EUにおけるIASとの統合が監視される
＊IASがEUにおける上場企業の会計についての適切な基礎であることが確認される

　承認手続組織は，政策レベルおよび技術レベルからなる二重構造である。
— EUの上場企業について承認手続により認められたIASの厳格な適用を保証するための実施インフラストラクチュア（基盤施設）の開発。この領域の主たる措置は，認められたIASを履行するための手引書の公布，監督官庁による高品質な決算書監査の督励と監督行政の協調強化に集中している。
— 2001年末前に，EU委員会は，EU会計指令がすべての有限会社について会計の基礎になるようにEU会計指令改正の提案を行う[25]。

(2)　序　　文

1　リスボンのEU理事会は，EUにおける経済成長と雇用の基本目標を達成するために，金融サービスに関する域内市場の決定的な重要性を強調した。EU理事会の結論において，金融サービスの域内市場の完成を加速する必要性が指摘された。金融サービスおよびリスク資本のための行動計画の転換は，2005年もしくは2003年に終了する。基本的に，結論は，金融サービスに関する行動計画と金融サービスおよびリスク資本に関するEU委員会の通告

から明らかになる。この通告は，証券発行企業と投資家のために広範なEU金融市場の発展を求めている。
2　リスボンのEU理事会の結語で述べられている優先目標として，企業と投資家のために年度決算書の比較可能性を改善する必要性が指示されている。年度決算書の比較可能性の目標を達成するために，EUは共通会計規定，すなわち透明で全面的に理解しやすく，正規に検証され，実際に実施可能な会計規定を要求している。このような会計規定によってのみ，米国資本市場のほぼ二分の一に相当する現在の市場規模を拡大する可能性がEU証券市場に与えられている。
3　加盟各国の証券市場は，現在，劇的な変化と連結の増大の影響を受けている。これは，新しい技術，グローバル化およびユーロの影響から促されている。

　　情報技術と通信技術の急速な発達，とくに電子取引の社会的基盤の発展は，取引が行われ，また，財務情報が伝達される形態と方法を変えた。企業会計についての報告も変わった。すなわち，インターネットによる会計報告によって投資家の会計情報への接続は容易になり，会計情報の分析と比較は改善されている。投資家は，財務と非財務情報から成る標準化された継続的な企業情報にもとづいて投資決定を行いたいと考えている[26]。

(3)　会計領域における国際的発展

1　現在，EU内部に多くの会計規定と多様な慣習にもとづく多様な解釈が存在する。改正を行わない限り，しばしば，重大な相違が存続する。EUの会計は不完全であり，そのためにEU資本市場の設立を妨げている。
2　会計原則の開発と基準の設定は，迅速に行う必要がある。国際基準の設定の重要性を強調することによって，国内基準設定機関の協力を強化する要因になる国際会計原則への一極集中の強い要求がある。EU委員会の「新しい会計戦略」は，IAS適用を支持することにより，国際的に活動する欧州企業の国際資本市場への接近を容易にする必要性に注目している。EU委員会は，

上場目的のために世界的に適用される共通の会計基準システムを創設する国際会計基準委員会（IASC）と証券監督者国際機構（IOSCO）の努力を支持した。IASCとIOSCOとの協定にふくまれる中核的な会計基準（core set of standards）は，現在完成している。IOSCOは，2000年5月17日に，IASの評価を完了すると発表した。IOSCOは，構成員に対してIASにもとづく年度決算書の作成に関し，国境を越える証券発行企業に認めるように勧告した[27]。

(4) ＥＵ戦略

1 本通告は，会計領域におけるEUの将来措置の基本的特質についてEU委員会の観点を明らかにしたものである。EU委員会は，2000年末までに戦略の採用に関する提案を完成させるため，ここに提起した会計戦略について広範に政治的な承認を得られるよう努めている。出発点の中心目標は，会計戦略が統一会計基準にもとづいてEUと国際的金融市場で証券取引を保証する点にある。

2 合理的根拠をもつ会計が，今後，EU委員会の出発点の中心になる。企業の経済的発展と財務状況についての目的適合的，信頼すべき，比較可能な会計情報が，競争者に同一条件を保証するために，投資家と債権者ならびに他の利害関係者にとって重要である。年度決算書は，市場情報の全システムの基礎を支えている。年度決算書は，証券発行企業と投資家との重要な結節環であり，さらにEUが共通証券市場にとって必要な高水準の比較可能性を実現するために不可欠である。統一会計基準は，市場効率を保証するために，規則にしたがって適用しなければならない。会計基準の実施は，EU内部と世界中で同一種類および同一価値の水準で行われねばならない[28]。

(5) EUにおける会計

1 EU会計指令が今後，有限責任会社会計の基礎になる場合でも，現行指令は，欧州または国際証券市場で資金調達を行いたいと考える企業の要求に合わないであろう。これは，投資家も上場企業の監督官庁も会計について透明

度の高い，比較可能な会計規定および開示規定の強化を要求していることに根拠がある。

2 　現在，EUに残存する会計の相違は，EU会計指令に含まれる多くの会計処理選択権と，EU内部の会計規定を実施する場合の異なるレベルに起因する。国内の法的条件と税務条件に年度決算書を適合させることは，投資家と他の利害者集団が企業所在地のある国籍を所有している限り，正当と認められる。これに対して，現在，企業の有価証券は，異なる国際的投資家グループにより保有されている。企業が所在地をもたない国の国内条件にしたがって作成された年度決算書を解釈しなければならない場合，それは，他の加盟国からの投資家の利害に役立たない。

3 　EUの法規定は，多くの会計の状況に対して沈黙しているので，多様な加盟国の国内規定を認めている。加盟各国の所轄官庁は，EU会計指令と一致するという前提で国際的に認められた会計基準にもとづく年度決算書の作成を企業に認めることができる。異なる会計基準の並存は紛らわしく，コストも高い。このため，株式証券が公的に取引される企業の会計に対する有効な監視と要件の実施は妨げられている。投資家は，比較可能な年度決算書をつうじて解読できないため，重要な会計情報に接することもできない。国境を越える証券売買取引は，損なわれる。

4 　ビジネスのテンポが速くなるにつれ，会計について動的な即応力のある法的枠組みを造る必要性が増大している。EUにおける手間の掛かる立法手続は，市場の要求に応えるために厳密な調査が必要である。この場合に，硬直的，規範的な性格のEU会計指令から離脱して，会計について効率的で即応力のあるシステムに変える可能性を考慮する必要がある[29]。

(6) 新しい将来措置
① 統 一 会 計 原 則

1 　リスボンのEU理事会は，2005年までに金融サービスの完全統合市場を創設するという目標を設定した。この場合，出発点になるのは，比較可能な会

計である。国際的に認められた会計規定は，EUの上場企業の会計に対し決定的な重要性をもつ。

2　現在，EUにおいて2つの会計規制システムが適用されている。それは，US-GAAPとIASである。この2つの会計システムについて，一般に投資家保護のための投資家を指向する会計システムが問題になる。しかしながら，会計システムの要件は，多くの点で異なっている。

3　会計基準の決定は市場に任せることができるが，それは遅れる結果になる。なぜなら，競合する会計基準の選択が無駄な時間をとりすぎるからである。改善の遅れは，2005年までにEU全域の年度決算書の比較可能性を改善するというリスボンのEU理事会の目標を達成できない。

　　EU委員会は，1995年の会計戦略において，国際的かつ欧州全域で資金調達を希望するEU企業に対し会計基準としてIASを優先する，と述べた。それ以来，IASCは，会計基準を根本的に改訂している。IASは，国際的な経済界の要求に沿う包括的かつ堅実な会計規則の機構である。さらに，IASは，米国周辺領域にのみ適用するのではなく，国際的な観点から作成されるという利点をもつ。その反面，US-GAAPは，極めて膨大な分量からなり，詳細な規定と解釈にもとづく。米国におけるUS-GAAPの適用は，証券取引委員会（SEC）の規制・実施権に帰せられる。EUは，US-GAAPの完成に影響を及ぼさない。

② IASの適用領域

1　EU委員会は，規制市場に上場されたすべてのEU企業（約6,700社）に対しIASによる連結決算書の作成を要求することを提案する。2年以内に，この要求は，証券取引所の上場認可目論見書指令にしたがって公認の上場認可目論見書を作成する全企業に拡大される予定である。有価証券の公募引受申込を予定する非上場企業もまたIASを適用するかもしれない。したがって，EU委員会は，上場企業と同様に非上場企業が同一原則による決算書開示の規定または認可を加盟各国に認めるべきであると提案する。加盟各国は，IAS適用に関する規定をとくにすべての非上場金融機関および保険企業にま

で拡大し，全産業分野の比較可能性を容易にし，合理的かつ効果的な監督を保証したいと考える。

2　IAS適用の要求は，上場企業の個別決算書にも関連する。加盟各国において個別決算書が重要である場合には，法律規定と税法規定は，IASの適用を不当とみなすか，禁止している。それにもかかわらず，加盟各国は，個別決算書を作成する場合にIAS適用を督促するか，むしろIAS適用を規定するに至っている。これは，将来，連結決算書の作成を容易にする。

③　一括登録制度

EU委員会は，現在，前述の戦略論と現行の証券取引所上場認可と上場目論見書指令を更新するための対応措置との関係が重要であるかどうかについて検討している。おそらく，この指令の改正は，EUにおける証券発行についての「一括登録制」の採用を伴うと考えられる。

一括登録制度の中心的要素は，国内所轄官庁に提出される「専門部局担当の文書」である。一括登録制度の目標は，比較可能な市場情報にもとづく共通した一括登録制をつうじて，他国への市場参入を保証することにある。一括登録制の根拠を統一的なIASに求める場合には，これは，当該企業のための事務簡素化を意味するだけでなく，EU金融市場全体の活性化に貢献する[30]。

(7)　新しい会計戦略に必要な社会基盤

本戦略は，EUの公益のために包括的に考慮されねばならない。EUは，EU上場企業の会計規定作成の責任を国家以外の第三者に譲ることはできない。国内法システムにおいて，所轄官庁は，会計基準の完成を国内の指揮・組織構造をもつ会計基準設定機構に委譲することができる。

EUにおけるIAS利用者に法的安定性を示すために，IASは，EU会計に関する法的枠組みのなかへ組入れる必要がある。EUの所轄官庁は，必要な監督を行い，IASに関連する不測の瑕疵または問題を修正しなければならない。

①　監　視　の　実　施

1　公的監視のために，EUの承認手続が必要である。IASの承認手続の役割

は，IASを新しく定式化することではなく，新しいIASの承認と解釈を監視することである。IASとその解釈に重大な欠陥があり，IASとその解釈がEUの公益に合致しない限り，EUの承認手続機構は介入すべきである。EUに適用されるIASは，EUの承認手続の枠組みにおいて承認された会計基準である。

2　EUの承認手続の重要な役割は，IASがEUの構想と完全に一致していることを確認すること，より正確に言えばIASがEU会計指令と合致し，EU企業の会計の適切な基礎が与えられていることを確認する点にある。ただし，IASがこの要件を満たしていることが前提である。

3　IASの承認手続組織は，EUにおける公的監視を保証するために，政策レベルと技術レベルの2つの要素から成る二重構造である。EU委員会は，2000年のある時点で2つの要素から成る承認システムの構造および制度について提案を行う予定である。この提案において，承認手続の法律上の地位，権限および承認手続機関の構成，証券取引所の監督に言及する予定である。

　技術レベルは，政策レベルで実施された統制手続に従属する。政策レベルにおける統制は，現行の委託規定にしたがって採用されたEUの制度上の規制にもとづく。技術レベルでは，高度な会計専門家グループが投入される予定である。さらに，とくに複雑な問題あるいは特定の会計基準が監視問題に影響するケース（銀行，他の金融機関および保険企業）について，特別な会計専門家グループが動員される予定である。会計専門家は，IASを厳格に検証するだけでなく，会計基準開発プロセスにおけるすべての段階とくに基準開発の初期段階においてIASCの基準設定に貢献する考えである。

4　IASについての承認手続は，実務上IASをEUに適用できることを保証するものである。とくに，承認手続にもとづいて会計基準の統一的適用を保証するために，特別な転換上の指揮が必要かどうかについて確定する。これは，IASの解釈の修正を意味しない。一般的解釈についての役割は，IASCの解釈指針委員会（SIC）が担当している。IASの承認手続の目的は，転換指揮が必要である限り，IASCとくにSICと真剣な意見交換を行うことにある。

5 新しいIASがEUに対して施行される期日は，承認手続で確定する。この結果，追加的な公開が必要になるか，特定会計基準にふくまれる選択権がEU会計指令と一致しないこともあり得る。

6 IASに対する異論は，その理由を明らかにして公開すべきである。技術レベルで明らかにされた特定のIASの却下についての勧告は，政策レベルにおいて批准すべきである。この種の事態を避けるために，IASCがIASを完成させる段階の最も早い段階で成立する予定のIASに対し疑義を明らかにすべきである。

② 実施の社会基盤

7 国際的会計基準および上場企業の会計要件に関する比較可能性は，とくに証券市場における会計基準の実施を簡素化する。しかしながら，異論なく転換されたIASだけが，EUの証券市場機能を改善する。しかし，実施には，次のように異なる要素がふくまれる。①明確に起草された会計基準，②転換についての現代的解釈と指導，③法律上の決算書監査，④監督官庁による統制，⑤効果的な処罰。これらの要素は，効率的でなければならない。なぜなら，会計システムは，投資家と債権者保護に関連して，極めて強力であるからである。

8 現在の会計的枠組みが高品質の会計をつくる場合，会計基準の完全適用を保証する法律上の決算書監査がEU全体に統一的に実施されなければならない。このため，緊急に次の点が考慮されなければならない。すなわち，決算書監査の中心的基準，職業倫理基準の開発，法律上の決算書監査についての品質保全システムの設立。EU委員会は，法律上の決算書監査に関する品質保全について勧告を出す考えである。EUの決算書監査問題委員会は，今後の研究により監査基準と職業倫理に関する共通の考え方を規定する。

9 監督官庁も，上場企業が会計要件を満たすことを保証するために，重要な機能を果たす。監督官庁は，会計基準が証券市場で厳格かつ統一的に適用されることに大きな関心を持っている。EUにおける証券市場の監督官庁は，積極的に転換問題に関与しなければならない。EU委員会は，とくに欧州証

券監督官庁の欧州証券委員会フォーラム（FESCO）が会計基準を実施するために共通構想を開発し，転換することを期待している。このような共通構想によって，同一の競争条件が生まれ，規制について恣意的操作の危険が避けられる[31]。

(8) 転換日程と過渡期

1　2000年末前に，EU委員会は，EUの全上場企業がIASにしたがって決算書を作成する提案を行う。さらに，EU委員会は，上場企業がIASに一致した決算書を作成することができる会計基準選択権を加盟国に対して定める。

2　EU委員会の見解によれば，リスボンのEU理事会が金融サービスの行動計画を転換するために設定した期限，すなわち2005年までにIASを適用するという要件を満たすために過渡期が必要である。法律規定を各国法律に転換し，上場企業を新しい規定に適合させるために，EU委員会は，過渡期の期限を法案の転換の最初から限定する考えである。その結果，EUの全上場企業は，遅くとも2005年から行動計画にもとづく連結決算書を作成することになる。

3　EUの若干の大企業は，US-GAAPを適用している。これは，大企業が米国の資本市場に上場しているか，IASに一致しない会計基準が適用される産業部門で活動しているからである。加盟各国は，過渡期の全体または部分についてUS-GAAPの適用を認可することができる。

4　EU委員会は，2001年末前に，EUの有限責任会社の基礎になるEU会計指令現代化について提案を行う考えである。EU会計指令の現代化は，IASとの対立を徹底的に回避するためであり，EU会計指令を現代の会計の発展と調和させるものである。これは，とくに，新しい技術的発展が伝統的会計方法について調整を求める場合に当てはまる。たとえば，無形資産の貸借対照表計上と評価である。EU委員会は，新しい伝達形態と情報技術，とくにインターネットが会計に影響を及ぼし，立法措置が必要になるかどうかについて諮問委員会をつうじて調査させる考えである[32]。

(9) 結　　論

　リスボンのEU理事会は，企業年度決算書の比較可能性を改善するための対応措置を要求した。EU委員会の新しい会計戦略は，この課題を遂行するために，新しい目標を説明したものである。EU委員会は，EU議会，理事会，経済・社会委員会および地方委員会に本通告において提案された会計戦略を速やかに承認することを要求する。

　以上が，「EUの会計戦略：将来措置」の概略である。

お　わ　り　に ―証券市場統合を支援する欧州会計機構―

　以上，EUの金融サービス市場に関する行動大綱，行動計画および会計戦略の原資料にもとづいて，雇用創出と経済成長を目標とするEU市場経済政策とそれに附随する会計制度設立構想の概要を明らかにした。EUの会計戦略を要約すれば，次のようになる。

―EU金融市場統合を実現するために企業決算書の比較可能性，透明性，信頼性を保証することができる国際会計基準（IAS）／国際財務報告基準（IFRS）をEU会計指令として導入することを承認する。
―すべての上場企業が作成する連結決算書に対しIAS適用を義務づける。全産業部門の上場・非上場企業が作成する個別決算書に対してIAS適用を認める。
―域内証券市場における証券発行認可制度にIAS適用と併用して一括登録制を導入する。
―IASの利用者に法的安定性を保証するため，IASをEU会計指令に関する法的枠組みに組入れる。
―IASの受入れと解釈を公的に監視するためにEUの承認手続を制度化する。承認手続機構としてEUの制度上の規制にもとづく政策レベルの統制手続機構と，会計専門家の投入による技術レベルのIASの検証手続機構を設置する。

注
(1)　Kommission der EU ［1998］, KOM（1998）625.
(2)　Kommission der EU ［1999］, KOM（1999）232.
(3)　Kommission der EU ［1998］, a.a.O., S. 10-14.
(4)　Ebenda, S. 15-19.
(5)　Ebenda, S. 20-22.

第1章　EUの金融市場統合と会計戦略　*49*

(6)　Ebenda, S. 25-26.
(7)　Ebenda, S. 28.
(8)　Kommission der EU [1999], a.a.O., S. 7.
(9)　Ebenda, S. 3.
(10)　Ebenda, S. 5.
(11)　Ebenda, S. 6.
(12)　Ebenda, S. 6-7.
(13)　Ebenda, S. 7-8.
(14)(15)　Ebenda, S. 8.
(16)　Ebenda, S. 9.
(17)　Ebenda, S. 9-10.
(18)　Ebenda, S. 10.
(19)　Ebenda, S. 10-11.
(20)(21)　Ebenda, S. 11.
(22)　Ebenda, S. 12-13.
(23)　Ebenda, S. 14.
(24)　Kommission der EU [2000], KOM (2000) 359.
(25)　Ebenda, S. 2.
(26)　Ebenda, S. 3.
(27)　Ebenda, S. 4.
(28)　Ebenda, S. 4-5.
(29)　Ebenda, S. 5-6.
(30)　Ebenda, S. 6-8.
(31)(32)　Ebenda, S. 11.

参　考　文　献

Kommission der EU [1995], Mitteilung der Kommission vom 14. 11. 1995, "Harmonisieirung auf dem Gebiet der Rechnungslegung : Eine neue Strategie im Hinblick auf die internationale Harmonisierung", KOM (1995) 508.
Kommission der EU [1998], Mitteilung der Kommission vom 28. 10. 1998, "Finanzdienstleistungen : Abstecken eines Aktionsrahmens", KOM (1998) 625.
Kommission der EU [1999], Mitteilung der Kommission vom 11. 05. 1999, "Umsetzung des Finanzmarktrahamens : Aktionsplan", KOM (1999) 232.
Kommission der EU [2000], Mitteilung der Kommission vom 13. 06. 2000, "Rechnungslegungsstrategie der EU : Künftiges Vorgehen", KOM (2000) 359.
Europäischer Rat [2000a], Schlußfolgerungen des Vorsitz des Europäischen Rates von Lissabon (23-24. 03. 2000)
Europäischer Rat [2000b], Der Europäische Rat von Lissabon eine Agenda für die wirtschaftliche und soziale Erneuerung Europas, Beitrag der Europäischen

Kommission zur Sondertagung des Europäischen Rates am 23. und 24. 03. 2000 in Lissabon, DOC/00/7, Brüssel, den 28. 02. 2000.

Europäische Union [2000], "Aktueller Stand auf dem Gebiet der Finanzdienstleistungen", Zweiter Bericht, KOM (2000) 336.

Kommission der EU [2001], Mitteilung der Kommission vom 07. 02. 2001, Das Ganze Potenzial der Union Ausschöpfen : Konsolidierung und Ergänzung Der Lissaboner Strategie, Beitrag Europäischen Kommission zur Frühjahrstagung des Europäischen Rates Stockholm, 23-24. 03. 2001, KOM (2001) 79, Teil Ⅰ.

Europäische Union [2003], "Finanzdienstleistungen : Noch neun Monate bis zur vollständigen Verabschiedung des Aktionsplans für Finanzdienstleistung (FASP), Achter Fortschrittsbericht, Brüssel, Juni 2003.

Europäische Union [2004], "Finanzdienstleistungen : Über den Berg, Vorbereitung für die nächste Phase der europäischen Kapitalmarktintegration, Zehnter Fortschrittsbericht, Brüssel, 02. 06. 2004.

佐藤誠二［2001］『会計国際化と資本市場統合』森山書店。
稲見　亨［2004］『ドイツ会計国際化論』森山書店。
木下勝一［2004］『適用会計基準の選択行動』森山書店。

(川口　八洲雄)

第2章
EUにおける会計2005年問題

は　じ　め　に

　統一資本市場の形成と規制市場における連結決算書に対するIAS/IFRS適用を義務づけた2005年1月1日の期限を目前に控えて，EUはいま，会計制度の枠組みの再編に向かって急展開の過程にある。このEUにおける制度改革の動向は，当事者であるEU諸国のみならず，IAS/IFRS策定に対するIASBとアメリカFASBとのノーウォーク合意，あるいはEU資本市場を利用する域外諸国企業の資金調達戦略等々とも絡んで，いわゆる会計2005年問題として世界的関心の的となってきた。

　EUにおける会計2005年問題については，EU委員会が2005年を達成目標とする欧州資本（証券）統一市場構想とそのための戦略措置を提示した「金融サービス：金融市場大綱の転換（行動計画）」(1999年5月11日，以下，「金融市場：行動計画」と表記する)[1] に，EU理事会のリスボン決議を経て公表された「EUの会計戦略：将来措置」(2000年6月13日)[2] の段階に即して進展してきている。とくに，2005年1月1日を実施時期と定めた「IAS適用命令」(2002年7月19日)[3] ならびに既存の会計諸指令の修正を含んだ「現代化指令」(2003年6月18日)[4] の公布を受けて，EU加盟各国における会社会計法の改正作業が本格化し，統一資本（証券）市場実現のための法整備が益々，進行してきている。しかも，その改革の速度は，EU委員会が株主保護の強化と証券市場の健全化を目指して掲示した「有価証券発行者に対する透明化要請に対する指令提案」(2003年3月26日)[5]，欧州版SECなどともいわれた欧州証券規制当局委員会

(CESR)がIAS適用への具体的移行計画を勧告した「2005年におけるIFRS適用への欧州規制；IFRS転換に関する追加指針のための勧告」(2003年12月30日)[6]，さらには会計監査の品質管理・会計監査人の独立性強化，国際監査基準の適用等を指示したEU委員会の「年度決算書と連結決算書の監査およびEU指令の修正に関する指令提案」(2004年2月17日)[7]が公表されたことをつうじて，証券市場における開示ならびに監査，監督規制の改正と一体となって一層増してきている（図表2-1を参照）。

図表2-1　EU会計国際化の枠組み

```
┌─────────────────────────────────────┐
│     EU資本市場統合　2005年1月1日      │
└─────────────────────────────────────┘

          ╭─────────────────╮
          │ 金融市場：行動計画 │
          │  1999年5月11日   │
          ╰─────────────────╯

    資本市場法              会　社　法
        ↓                      ↓
┌──────────────────┐  ┌──────────────────┐
│【資金調達の拡大】 │  │【株式会社決算書の統一】│
│取引所認可および  │  │EU会計指令の現代化指令│
│目論見書指令     │  │IAS適用命令         │
│定期情報開示指令  │  │会計監査の品質改善指令│
│透明性指令       │  │                  │
└──────────────────┘  └──────────────────┘
```

　しかし，2005年を目指した急速な制度再編は，資本市場において有価証券が取引認可される資本市場指向会社の連結決算書についてその情報提供機能とそれを保証する監督・監査制度の構築という限定的範囲での制度改革が根幹をなしている。非資本市場指向の中小規模会社や利益決定機能を重視する個別決算書を対象とする制度改革は，オプション（選択権）として加盟各国の裁量にゆだねられている。したがって，資本市場指向的会社，非資本市場指向的会社，連結決算書，個別決算書の4つの組み合わせからなるマトリックス構造をいかに安定的に制度再編に反映させるのかということは，むしろ2005年以降の継続

課題となっているといえよう。

そこで，本章では会計2005年問題に焦点づけて，第1に，「IAS適用命令」，「現代化指令」を中心としたEUにおける会社会計法改革の最近の展開について考察する。そして第2に，会社会計法と同時進行で行われている資本市場法における会計開示規制，第3に，監査制度の最近の改革動向をフォローする。その上で，2005年以降も射程に入れたEUの会計2005年問題への対応状況を概観し，会計制度再編の方向性に関して若干の考察を試みたい[8]。

第1節　EUにおける会社会計法調和化

(1) IAS適用命令

EU委員会は，2001年2月13日付「国際的な会計原則に関するEU議会およびEU理事会の命令に対する提案」[9]を発表した。この提案は，金融サービスに対する統合市場を早急に実現する必要性を強調し，2005年をもってEU委員会の「金融市場：行動計画」の実施期限と定めて，資本市場指向的企業の決算書の比較可能性を改善するための措置を講ずるとした2000年3月のEU理事会の決議を踏まえたものである。その後，この提案は2002年2月および5月にUS-GAAP適用会社等のIAS適用に2年間の期限猶予（2007年1月1日以後に適用）を付与し，また20数箇所に及ぶ修正を施した後，最終的に11条項からなる「国際的な会計原則に関するEU議会およびEU理事会の命令」いわゆる「IAS適用命令」として2002年7月19日付でEU議会およびEU理事会によって公布された。

この「IAS適用命令」の骨子は18項目に区分し簡潔に示されている。以下，そのうちの主要と思われる論点を概略すれば次のようであろう[10]。

―統合市場の機能方法の改善のために，資本市場指向的企業は連結決算書に対してより上質の国際的会計基準の統一的規則の適用が義務づけられなければならない。金融市場に参加する共同体企業が，国際的に容認され現実的な世界基準たる会計基準を適用することは一層，重要である。

―EUの第4号指令（年度決算書指令），第7号指令（連結決算書指令），銀行その他の金融機関の決算書に関する指令，保険企業の決算書に関する指令は共同体における資本市場指向的会社を対象とする。これらのEU指令にゆだねられた諸規定は，効果的で摩擦のない，かつ効率的な統合資本市場の構築にとっての不可欠の前提となる決算書の高度の透明性と比較可能性を保証し得るものでない。したがって，資本市場指向的会社に対して適用される法的枠組みを補強する必要がある。
―本命令は資本市場の効率的かつ費用効果的な機能方法に貢献することを目的としている。投資家保護と金融市場における信頼保持は統合市場の完了の重要な側面でもある。共同体資本市場の競争能力にとって，欧州内で適用される決算書作成規範を国境横断的取引もしくは世界のすべての証券取引所での認可に際して利用される国際的会計基準と結合することは大きな意義を有している。
―本命令の実施にとって必要な措置は，1999年6月28日の理事会決議に従い，委員会にゆだねられた実施権限の行使に対する手続きの確定に際して許容されなければならない。この措置を行使する場合，EU委員会は2002年2月5日にEU議会の決議した金融サービス領域における法規定の転換の説明を当然考慮しなければならない。
―国際的会計基準の適用を受容するにあたり，企業の財産・財務・収益状態の実質的諸関係に合致する写像を伝達することを満たすとしたEU指令の基本要請を満たし，理事会決議に照らして当該指令のすべての各個別規定の厳格な遵守を必要とすることなく原則を維持することが第1の前提である。第2には，2000年7月17日の理事会決議に従い欧州の共通の利害に合致すること，第3には，情報の質に関する基本的基準が満たされ，それにより決算書がその受け手にとって有用であることを前提とする。
―承認機構は提案された国際的会計基準を遅滞なく受容し，主要利害関係者，とくに国内の基準設定機関，有価証券領域の監督機関，銀行および保険会社，中央銀行，会計専門職ならびに決算書の受け手および作成者で国際的会計基準を審議し検討する。情報を交換する可能性もまた提供する。承認機構は共同体における国際的会計基準の採用に関する共通理解を深めるための手段であるべきである。
―状況適合原則に応じて，国際的会計原則の統一的規則の適用を要請する本命令で行われる措置が，すべての資本市場指向的会社に対して共同体の有効で費用効果的機能方法の目標と統一市場の完了を達成するために必要である。また，加盟国に対して年度決算書に関して資本市場指向的会社が本命令の措置に従い国際的会計基準にもとづく作成を許容し，もしくは指示する上での選択権を付与することが必要であり，加盟国はこの可能性ないし指示をその他の会社の連結決算書や年

度決算書にまで拡大することができる。
― IASBが国際的会計基準（IFRSおよびSIC/IFRIC）の開発の枠内で開示するドキュメントおよびペーパーを審議し，それに関する立場を形成する場合，EU委員会は世界市場において活動する欧州企業の競争劣位を解除するための必要を考慮しなければならない。
― 加盟国は自身の有価証券の取引が共同体もしくは第三国における規制された市場で認可され，自身の連結決算書をすでにその他の国際的に認められた会計基準に基礎づけられている，ならびに負債証券のみが規制された市場において取引認可されているすべての企業に対して，2007年までに一定の規定の適用の延長を認めなければならない。しかし，遅くとも2007年を越えてその有価証券の取引が規制された市場で認可されるすべての共同体企業にとってのグローバルな国際的会計基準の統一規則としてIASを適用することを放棄できない。
― 加盟国および会社が国際的会計原則を適用する上で必要な適応措置を講ずるために，一定の措置が2005年まで適用されることが必要である。本命令を発効した結果，会社がIASを最初に適用するときは適切な措置が選択されなければならない。その措置は採用される解決策が国際的な承認を確保すべきため国際的レベルで策定されるべきである。

(2) EU指令の現代化構想

さて，EUにおいては，上述の「IAS適用命令」と並行してEU指令の「現代化」が進められてきた。EU指令の「現代化」は，EU委員会が1999年5月に提示した「金融市場：行動計画」において，IASの動向を考慮してEC第4号指令および第7号指令を統合市場の要請に適応させる構想を2000年末まで委員会が提案し，2002年にEU議会が承認するというスケジュールに沿ったものである。1999年11月のEU委員会の2005年欧州統合市場を実現するための戦略に関する公式意見書および1999年12月のヘルシンキにおけるEU理事会決議は，貨幣・資本市場の効率性を強化する上で金融サービスに対する機能的な統合市場の2005年までの実現をもって1つの戦略重点とし，かかる戦略目標にもとづくEU指令の「現代化」の必要性を提起していた。EU指令の「現代化」に関する試みは，2002年7月9日付「特定の法形態の会社，銀行およびその他の金融機関ならびに保険企業の年度決算書および連結決算書に関する指令78/66の修正

に対するEU議会およびEU理事会の指令」いわゆる「現代化指令」についての提案[11]を経て，2003年6月18日付で正式に成立，公表されるに至っている。

「現代化指令」の提案によれば，「現代化指令」は「IAS適用命令」と並んで「金融市場：行動計画」の中心的骨格をなすものと位置づけられ，2005年の期限が保持され，「金融市場：行動計画」の構成要件がその期限前に実施されるとするならば，この「現代化指令」が掲示する諸規定が可能な限り速やかに加盟国に転換されなければならないことが明言されている。以下，「現代化指令」提案にもとづいて，現代化の示す内容を概括すれば，次のようになろう[12]。

まず，「現代化指令」の目的は次のようである。すなわち，2001年6月にEU委員会は「EUの会計戦略：将来計画」を，また2002年7月にEU議会および理事会が「IAS適用命令」を発表し，すべての上場企業に対してその連結決算書を遅くとも2005年にIASにもとづき作成されなければならない規定を導入した。同時に，「IAS適用命令」は，加盟国に対してIASを個別決算書にも非上場企業にも適用する規定を設ける可能性を与えた。ただし，EU指令にもとづく年度決算書と連結決算書は今後も当該指令を共同体の会計要請の優先源泉としているために，IASを適用する共同体企業とIASを適用しない共同体企業との間に等しい競争条件が成立することが重要である。したがって，IASの受容と第4号および第7号指令の適用という2つの目的にとって，当該指令が国際的会計の発展を反映することが望ましい。

目下，EUにおいて適用されている会計要請は次のEU法規にもとづいている。
　―特定の法形態の会社の年度決算書に関する1978年7月25日付EC第4号指令
　―連結決算書に関するEC第7号指令
　―銀行およびその他の金融機関の年度決算書および連結決算書に関する1983年12月8日付EC指令
　―年度決算書および連結決算書に関する1991年12月19日付EC指令

提案によれば，これらの「会計指令」は20数年前のその公布以来，変化なく留まっている。近年，会計理論と実務の変化は一層展開し，この動向は継続している。委員会が実施した多くの研究は様々な観点で会計指令が会計の今日的

理論と実務と今も一致していることを言及している。たしかに，一定の限定領域において，EUが決議した「IAS適用命令」を受容する要件とIASとは調和していない。こうした状況は2つの理由から容認し得ない。第1は，会計指令の場合，IAS受容の機構において提案された「IAS適用命令」のもとで重要な役割を果たすならば，会計領域の現実的動向を反映しなければならない。第2に，企業に対してIASを適用する共通の条件枠組みが与えられなければならないが，そうなっていないことである。

したがって，「現代化指令」の基本目標は次の3つとされる。
① 会計指令とIASとの間の既存のすべてのコンフリクトを解消する，
② 会計指令が今後も会計の基礎であるEU企業（すなわち，自身の年度決算書もしくは連結決算書がIASに従い作成されない企業）に対して，IASに存在する会計選択権を明確にする，
③ 現代実務に合致し弾力性に富む会計フレームワークを生み出し，IASの将来の発展に寄与するよう会計指令の基礎構造を現代化する。

さて，「現代化指令」の対象とする企業は既存の会計指令と変わることはない。つまり，本指令の対象企業とは会計指令に準拠して自身の連結決算書および個別決算書を作成するすべての企業である。これらの企業に対して本指令が問題とするのは次の点だという。加盟国が会計指令にもとづいている会社の立場から，国内条件に合致した方法と速度での国内の会計要請に適用することが可能となることを提案する。それは，加盟国選択権の形式での追加的会計要請の導入をもって，また現存の加盟国選択権の削減を断念することをつうじて達成される。したがって，本指令は個々の加盟国が望まない会計への効果はもたらさない。このことは，会計要請と，とくに個別決算書の場合における税務上とその他の問題との関連にもとづいて重要だとする。

ところで，連結決算書（ないし個別決算書）に加えて，会計指令は一定規模を上回る企業について営業活動の正しい写像を伝達する連結状況報告書（ないし企業の状況報告書）を要求している。「現代化指令」はこの要請を堅持し，それに応じて現在の認識状態を強化する。このことは，拡張された利害関係者集

団に対する情報（金融面のみに限定されるものでない）をも提供する理解し易い報告書を導くことになるのだとする。

「現代化指令」は2005年以降，一定の上場企業の連結決算書においてIASの適応を義務づける「IAS適用命令」と結びついているために，加盟国，企業および経済監査士の職業団体に対して，2005年以降のIASを適応する前の転換準備に対する相応の移行期間を保証するものだという。また，加盟国は国内条件に合致する様式と速度で適用することを目指している。企業にとってのあらゆる追加的コストは，そもそも加盟国が提案により加盟国選択権の実現にもとづく修正を実施する範囲に依存している。このコストは通常，新しい会計要請への転換のための人材再教育の領域において生ずる。他方，会計指令の現代化・現実化に資するこの「現代化指令」の経済的効果は，財務情報の比較可能性と透明性を高め，それにより市場の効率性をも高め，企業資本コストを減少させることだとしている。ただし，「現代化指令」は，中小規模の企業に対してはその特別な状態を考慮するものだという。この指令によって，会計に対して個々の加盟国の望まない効果をもたらすことを想定していない。一定の規模基準以下の企業にすでに存在する一連の緩和措置は，それはかかる企業に対して開示負担を軽減し，承認され続けている。そうした既存の緩和措置もしくは規模基準について，取引所上場企業にとっては適合しないという例外を要請することによって，それらを変更することを考慮していない。取引所上場企業が，緩和措置を適用する上での基本前提を満たすためにはほとんどすべての場合，規模が大きすぎ，そうした企業に対して本指令が「IAS適用命令」と一貫していることを明らかにすることが必要であるとしている。

第2節　EUにおける証券取引開示規制

(1)　株主保護および透明性の強化のためのEU指令

EU委員会は，「IAS適用命令」，「現代化指令」とともに，「金融市場：行動計画」の主要構成部分として位置づけられる証券取引開示規制に関する指令提案

を2003年3月26日に公表した。「規制市場に有価証券を取引認可される発行者に関する情報についての透明化要請の調和化およびEU指令2001/34の修正に関するEU議会およびEU理事会の指令提案」がそれである。有価証券が規制市場において取引認可される企業が公表する情報に対する最低限の透明化要件を導入するためのこの指令提案は，投資家保護を強化し，欧州資本市場の公開および健全性を高めることにより欧州市場を魅力的なものにすることを目指している。また，発行者がEUの自国以外の規制市場における有価証券取引の認可を妨げる国内規制の制約を除去するための規定も示されている。指令提案は，その目標を達成するため，発行者の情報義務を具体的なものとし，財務情報の包括的かつ頻繁な提示を義務づけ，用語規制および情報準備に関しても発行者が保持すべき要件を明瞭化したという。また，この指令提案は既存のEU指令を改善し，グローバルな経済の要請に適合するものとされている[13]。

なお，この指令提案については，2003年11月25日付をもって経済・財務相理事会が承認，2004年3月30日にはEU議会に受容されており，EU理事会が正式に公布した後には，2006年までに加盟各国の国内法に転換されることが義務づけられている[14]。

この指令提案の骨子は次のとおりである[15]。

① 現地国原則（Herkunftslandprinzip）

指令提案は，すでに「目論見書指令」において遂行された路線を保持して現地国原則にもとづいており，各加盟国は発行者に対して発行者の現地国と比較してより厳格な開示義務を課すことはない。したがって，複数の加盟国に上場認可する発行者はもはや異なる透明性要請に直面することはない。

② 定期的企業情報の現実化・改善

提案は次の情報を定期的に開示することを義務づけている。

 a 監査済みの年度財務報告書（IASにもとづく年度決算書）および営業年度終了後3ヵ月以内の状況報告書，

 b 中間報告書に関するIAS（34号）ならびに状況報告書の現実化にもとづく半期財務報告書，

c 営業年度の第1四半期および第3四半期において，より詳細な情報の開示。

発行者は将来，営業年度経過後の4ヵ月以内に年度財務報告書を開示しなければならない。その結果，投資家は株主総会の開始までの6ヵ月間を待たなくとも年度財務報告書をみることができる。2005年1月1日以前に取引所に認可されている負債証券の第三国発行者は，一定の前提のもとではあるが将来もまた，その第三国における会計基準に準拠した決算書を作成することが可能である。また，株式発行者にはより詳細な半期財務報告書の開示が義務づけられ，同様の要請は，新規の負債証券の発行者にも適用される。さらに，株式発行者は年度報告書と半期報告書の間に将来，財務状態および財務状態に対する重要な損益の影響を文章形態で説明する中間状況報告書を開示しなければならなくなる。ただし，すでに四半期決算書を提示している株主発行者はそれが免除される。

③ 重要な資本参加に関する報告の改善

主要株主の重要な資本投資に関して，迅速かつ包括的な開示が行われなければならない。発行者の株主構成の変化は将来，厳格な範囲で迅速に開示されなければならない。資本参加する株主および企業自体はこの情報授権を遵守しなければならない。

④ 株主に対する電子情報

指令提案は，企業とその株主との間の電子伝達の容易化を図っている。株主総会の決議をつうじて，株主には電子媒体による情報伝達に対して相応の期間内に異議申し立てが付与される。株主発行者は，他方，個々の株主の表現上の同意を得てはじめて，その強制が解ける。個々の株主は，将来，絶えず，電子媒介による情報請求を得ることになる。同様のことは，負債証券の所有者にも適用される。

EUでは，こうした指令の提案内容をもって，すべての投資家に対する複数市場間の透明性の均衡と発行者の不必要なコストを回避することが計画されている。EU委員会はこの指令提案をつうじて，第三国の会計報告がIASに等価

なものか否かを評価するシステムを，EU指令の枠組みの中に設置する施策を講じたのである。

(2) IAS適用に対する移行指針

すでに述べたように，EU委員会はEU理事会リスボン決議を前提に，「金融市場：行動計画」を公表し，欧州統一市場における監督体制・健全性規制の調和化を柱とした42項目の措置計画を提示した。2000年7月，経済財務相理事会において，これら措置を2005年までに実施する上で必要な立法手続きの方法を検討するための賢人委員会，通称ラムファルシー委員会が設置された。そして，そのラムファルシー委員会は，2001年2月15日に最終報告書（The Report of the Committee of Wise Men on the Regulation of European Securities Markets）を提出し，欧州証券市場の効率化を妨げる要因を分析した上で，今後取り組むべき主要課題として，「金融市場：行動計画」が挙げた課題のうち，単一目論見書の導入，取引所上場基準の現代化，IASの適用，証券市場における単一免許の導入などを提示し，それらの主要課題に取り組むための立法プロセスの改革について，①EU委員会，EU議会，EU理事会の通常の立法方法・手続きによる規制，②「欧州証券委員会」，「欧州証券監督者委員会」とEU委員会の協力による規制の詳細な実施，③1および2段階の規制をコンフリクトなく実施するための証券監督者間の協力の強化およびチェック機能を果たす独立機関としての欧州証券監督者委員会（ESRC）の設置，④共同体規制の各加盟国における受容状況に対するEU委員会のチェックと必要な法的措置，という4段階アプローチを提案し，これらは2001年3月でのEU理事会ストックホルム決議として承認されるに至ったのである[16]。

このラムファルシー委員会報告書において構想されたESRCを具体化し，2001年5月のEU委員会決定にもとづいて設立されたのが欧州証券規制当局委員会（The Committee of European Securities Regulators：CESR）である。

CESRの任務は，①欧州の有価証券監督者間の調整改善，②EU委員会に対する助言，とくに有価証券領域における実施計画案の作成を行う諮問グループ

としての活動，③加盟国における共同体規制に対してより一貫した適宜的実施を促進する活動にあり，CESRが上述の任務を履行する上で発する指針 (guidelines)，勧告 (recommendations)，基準 (standards) のEUにおける会計制度改革に対するCESRの影響力は小さくない[17]。

そして，CESRの発行した指針，勧告，基準のうちとくに注目されるのが，2003年12月30日に公式発表された「2005年におけるIFRS適用への欧州規制；IFRS転換に関する追加指針のための勧告」であろう。そこにおいて，CESRは2005年1月1日から約7,000社のEU上場会社に対して国際会計基準 (IAS/IFRS) の適用が義務づけられるまでの移行期において，当該上場会社がIAS/IFRS適用による財務的影響について投資家に対する効果的な情報開示が行われるための勧告を行った（図表2-2を参照）。

この勧告において，CESRは，IASの全面適用までの次のような4つのマイルストーンを公表したのである[18]。

① 2003年度年度報告書（2003年度財務諸表を含む）の公開

この段階においては，会社は年度報告書において，IAS/IFRSへの転換をどのように実施しようとするのか（移行の計画および達成度）について説明する。上場企業はまた，自身の現在の会計方針との間の重要な相違およびIAS/IFRSの適用義務を確実に認識していることについて詳細に説明する。

② 2004年度年度報告書（2004年度財務諸表を含む）の公開

2004年度財務諸表においてIAS/IFRSの変化の影響を十分信頼しうる様式で数量化することができる会社は，目的適合的な数量化情報を開示するよう努める。そうした開示は誤解を及ぼさない（プラス・マイナスのすべての考えられる影響をカバーする）ように行われなければならない。

③ 2005年度中間財務諸表（半期財務諸表および四半期財務諸表）

2005年1月1日から任意に四半期または半期報告書の中間財務諸表を作成する会社については，そうした情報がIAS/IFRSのフレームワークにもとづいて作成されていることが望ましい。この場合，発行者はIAS34号「中間財務報告」の要件に完全に一致する財務諸表か，あるいは国内報告基準の要求に応じ

かつ年度末に適用されるIAS/IFRSの認識と測定の原則にもとづき作成した中間財務諸表を作成するかのどちらかを選択することができる。また，IAS/IFRSを適用したか否かに関わりなく，半期および四半期財務報告をともに行う場合には，前年度の相応の期間に対する金額を開示することが望ましい。なお，発行者の財務伝達について継続的に理解するために，前中間期間において（以前の国内基準にもとづいて）開示された情報は再度，提示され財務諸表に分離欄として一覧されるかもしくは別のページ上に提示することができ

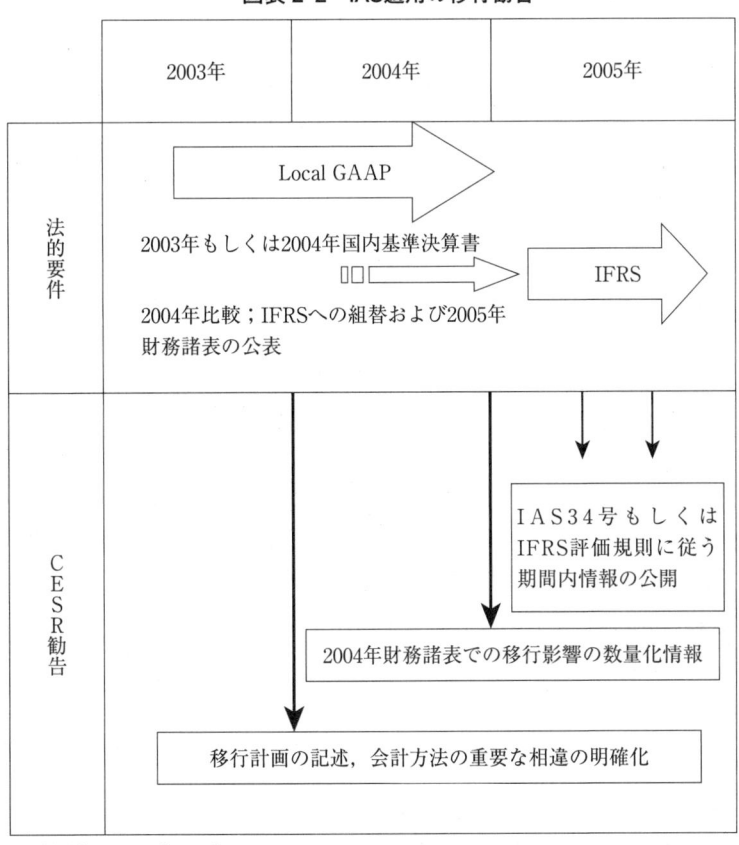

図表 2-2　IAS適用の移行勧告

	2003年	2004年	2005年
法的要件	Local GAAP → 2003年もしくは2004年国内基準決算書 2004年比較；IFRSへの組替および2005年財務諸表の公表		IFRS →
CESR勧告		2004年財務諸表での移行影響の数量化情報	IAS34号もしくはIFRS評価規則に従う期間内情報の公開
	移行計画の記述，会計方法の重要な相違の明確化		

（出所）CESR［2003b］, S. 2.

る。

④ 2005年度財務年度報告書

ほとんどの場合，2005年度年度財務報告書は，欧州の上場会社がIAS/IFRSを適用し作成する最初の完全セットの財務諸表となるだろう。この場合，比較可能な年度（たとえば，2004年度）のみがIAS/IFRSの適用の必要条件を考慮するのではなく，IAS/IFRSが適用されない場合でもできる限りの比較可能性をもたらすため，比較可能な数値（たとえば，2003年と2004年）の表示形式に関するブリッジ・アプローチ（the bridge approach）が採用されるべきである。

CESRによれば，以上の勧告は，IASBが2003年6月19日に公表したIFRS1号「国際財務報告基準の初度適用」[19]とその内容をほぼ等しくする。IFRS1号は，IFRS財務諸表が利用者のコストパフォーマンスを考慮し，比較可能で上質の情報を含むことになることを目的に，2004年1月1日もしくはそれ以降に開始する事業年度に第1回目に作成されるIFRS財務諸表，そのIFRS財務諸表が対象とする期間の部分に対する中間財務報告にも適用されるためだとしている。IASBのプレス・リリースによれば，この5年間のうちにIFRS使用を要求あるいは許容する法的措置を講じた国は90を上回り，世界中で数千社の会社が国内会計基準から離脱し，IFRSへの移行を行うだろうと報じている。このIFRS1号に関連して，EU委員会は，2004年4月6日付の「EU議会およびEU理事会のIAS適用命令（No. 1606/2002）と一致した一定の国際的会計基準の受容に関する命令（No. 1725/2003）の変更に対する委員会命令（No. 707/2004）」において，次のように示している[20]。IFRS1号は，IASの初度適用の時点で存在する同一の基準に現実の数値および比較可能な数値がもとづいているために，自身の決算書においてはじめてIFRSを基礎とする企業と所定の期日以後にはじめてIFRSを基礎とするそれ以外の企業の決算書との間に継続的な比較可能性を可能にさせる。はじめてIFRSを適用する企業とすでにIFRSを適用している企業との間の比較可能性の実現は，しかし，第2番目の目標である。というのは，2005年にはじめてIASを適用する企業数は，すでにIAS/IFRSに基礎をおく200から300のEU企業をはるかに上回るからである。この領域におけ

る事態の解決は，IAS適用命令（No. 1606/2002）の第3条項の意味での適用にあたっての，とくに基準によって欧州の公的利益に合致しなければならないとする要請にとっての基準として容認されたIFRSを十分なものとして承認することにある。CESRも同様に，国際的会計基準適用の勧告において議論される事柄はIASBの公開するIFRS 1号と密接に関連をもっているが，IAS規制により網羅されるものではないとし，この勧告は欧州の上場企業が国内会計基準からIFRSへと移行する局面において，適切で有益な情報を市場に提供するいくつかの方策を示しているという[21]。

したがって，IAS適用に際してEUおよびCESRが支持する移行方法は，IASBと同一路線を採りながらも，そこではあくまで，欧州統一資本市場とEU企業の競争力強化という欧州の共通した利害を前提としたものと捉えることができよう。

第3節　会計監査の品質改善

さて，EUにおける証券取引開示規制の改正は，決算書監査の強化と連携する。もちろん，決算書監査の強化問題は会社会計法の改革にとっても不可欠の前提をなす。既述の「IAS適用命令」，「現代化指令」のほか，「公正価値指令」（2001年9月27日），「規模基準値修正指令」（2003年5月13日）などEU理事会が公布した諸指令は，上質の会計情報を担保する上での監査制度の改善を想定している。

EU委員会は，2004年2月17日に「年度決算書および連結決算書の監査および指令修正に関する指令提案」を公表した。この提案は，「EUの会計戦略：将来措置」とともにすでにEU委員会が1998年5月8日に公式意見として表明していた「EUにおける決算書監査：将来措置」[22]にもとづき提示した「決算書監査のための品質保証に対する最低要件」（2000年11月15日）[23]，「EUにおける決算書監査人の独立性」（2002年5月16日）[24]，「EUにおける決算書監査の強化」（2003年10月2日）[25]を反映した既存のEU会計監査指令の修正提案であ

る。もとより，この提案は「金融市場：行動計画」とそれに関連する法的措置・EU委員会の公式意見など，とくに「EUにおける会社法の現代化およびコーポレート・ガバナンスの改善」（2003年5月21日），「IAS適用命令」，「目論見書指令」，「インサイダー取引および市場操作に関する指令」と密接な関係を有しているという。

　この提案は，会計監査に関する一般的かつ職業上の要件は既存のEU指令を引き継いでおり，決算書監査人および監査会社の認可に対する前提は実質上変更されるものでないという。しかし，監査の品質を高め決算報告書の信頼性を保証するために必要な監査の実施や構造に関して，EU法規制の適用領域を拡大するものといわれている。

　いま，提案に沿ってこの指令の提起された経過と指令の趣旨をまとめれば次のようになろう[26]。

- ―EC第4号指令（年度決算書指令），第7号指令（連結決算書指令），銀行およびその他の金融機関に対する会計指令，保険会計指令によれば，年度決算書と連結決算書は監査を実施する資格を有するものにより監査を受けなければならない。
- ―決算書監査の領域における調和化の不足を理由に，EU委員会が1998年の「EUにおける決算書監査：将来措置」の公式意見において示した監査業と加盟国の間に緊密な共同作業をつうじていっそうの措置を講ずる問題に対処する委員会の設置を提案した。
- ―この委員会の作業にもとづき，EU委員会は「EUにおける決算書監査に対する品質保証システムへの最低要件」（2000年11月）および「EUにおける決算書監査人の独立性」（2002年5月）の勧告を公表した。2つの勧告は加盟国によって転換される。
- ―本指令が要求し，決算書監査の実施にあたり有資格となるすべての職業証明は，等価値とみなされなければならない。当該加盟国における認可を伴う決算書監査人の監査会社に対する議決権過半数もしくは当該加盟国における監査会社の管理監督機関の構成員の議決権過半数を保持，許容することは加盟国にはもはや認められない。
- ―決算書監査には，会社法，税法および社会法などの領域における相応の認識が要請される。この認識は他の加盟国から決算書監査人を認可するにあたって，審査されなければならない。

―認可される決算書監査人および監査会社は，第三者保護のために，公に利用可能で，決算書監査人ないし監査会社に関する基礎的情報を含む登録簿に記載されなければならない。

―決算書監査人には最高の倫理規範が義務づけられなければならない。

―決算書監査人および監査会社は，依頼人の事件に関して，厳格な守秘義務と厳格な職務秘密と結びつく，黙秘が保証されなければならない。

―決算書監査人および監査会社は，監査を実施するにあたり独立していなければならない。独立性が危険にさらされる状況の発見に努め，その状況が生じたときには監査契約を破棄しなければならない。独立性を危険にさらすその他の給付も拒絶しなければならい。

―共同体法が規定するすべての決算書監査につき，等しく上質の品質が保証されなければならない。そのためには，すべての決算書監査は，国際的監査原則を遵守しなければならない。加盟国は，決算書監査の範囲を限定する特別の要件が生じた場合にのみ，追加的監査方法を規定することができる。

―共同体における国際的な監査基準の導入は，その基準が国際的に一般に認められること，すべての利害集団を完全に組み入れて，明瞭かつ透明に作成されること，また年度決算書と連結決算書の信頼性を高め，欧州の公益に資することを前提とする。

―連結決算書を監査する場合，個々の部分コンツェルンの決算書監査人が任務を相互に明確に区分することが重要である。コンツェルン監査人が監査証明に対する全責任を負うことになれば，それは最良に達成される。

―同一の会計基準を適用する企業の比較可能性を高めるためには，委員会は受容された国際的会計基準にもとづき作成された年度決算書および連結決算書の監査にあたって，統一した監査証明を確定する可能性をもたなければならない。

―同一の高さを維持する監査品質を達成するための手段は正規の監査である。決算書監査人と監査会社は審査されるべき決算書監査人と監査会社から独立した品質保証システムを基礎づけなければならない。

―特別審査および相応の懲罰は決算書監査の欠点を回避し，除去することに貢献する。

―加盟国は，決算書監査人および監査会社に対する効果的で明確な監督システムを策定しなければならず，その監督は原始加盟国にゆだねられる。この目的に該当する規制は，加盟国の常設の監督機関間の有効な協働を可能にさせるものでなければならない。この協働は実質的に，共同体における等しい監査品質の上質さを保持することを保証することができる。

―決算書監査人ないし監査会社は，被監査企業の会社定款にもとづき任命されなけ

ればならない。監査人の独立性を保護するためには，十分説得力ある理由が存在
し，かつ常設部門の監督に対してあれこれの理由が伝達されるときにのみ解任が
可能となる。
―公的利害の企業は公衆の目前に強くさらされ，経済的にも大きな意義を有してい
るため，それらの年度決算書もしくは連結決算書の監査については，より厳格な
要件が適用されなければならない。
―監査委員会および効果的な内部統制システムは，財務リスクおよび経営リスクな
らびに規定違反のリスクを最小限まで減じ，決算書の品質を高めることに貢献す
る。
―資本市場との密接な関連にもとづいて，その作業が共同体内の資本市場で行われ
るならば，第三国からの監査人にもまた高い品質が求められなければならない。
当該監査人は，登録され，自身の品質保証システムが審査され，予定された審査
および懲罰まで拡大される。相互承認の場合，委員会によって加盟国との協働に
おいて当該規制の同等性が審査されるならば，こうした付帯条件は度外視され
る。
―国際的コンツェルンの監査の複雑さは，加盟国の常設監督機関と当該第三国との
あいだの良好な協働を必要とする。したがって，加盟国は常設の国内機関が第三
国の常設機関に対してワーキング・ペーパーその他の書類の入手を可能とするこ
とを配慮しなければならない。参加チームの権利を保証し，それらペーパーおよ
び書類の入手を容易にする上で，加盟国は第三国の常設機関に対して，国内常設
機関が異議を唱えないときには，直接の入手を保証しなければならない。
―EU条約に従い確定された補完性原則と均衡原則に従い，本指令が規定する措置
は，共同体における決算書監査の品質を一層，改善・調和化し，加盟国間ならび
に加盟国と第三国間の協働を容易にし，その結果，決算書監査における信頼を強
化することが求められている。
―決算書監査人ないし監査会社と被監査会社との関係を透明化するために，監査報
酬ならびに被監査給付に対する報酬が将来，年度決算書および連結決算書に対す
る附属説明書において説明されるよう第4号指令および第7号指令が変更されな
ければならない。
―第8号指令は相応の監査インフラの保証に対して公的監督，職務規程，および品
質管理システムから十分な措置を提供しておらず，また加盟国および第三国の常
設機関のあいだの協働についての特別規定も存在しないために，放棄されるべき
である。しかし，法的安定性を確保する上で，第8号指令に従い承認された決算
書監査人および監査人が本指令のもとでも資格認可されることに疑いはない。
さて，以上が「年度決算書および連結決算書の監査および指令修正に関する

指令提案」のおおよその内容である。EU委員会は，会計領域と同様に，監査領域においてもEU内部での世界規模の基準が適用されることを重要視している。その場合，必要なのはEUにおいて監査された年度決算書が第三国においても承認されることを確保することと考えている。2005年以降，IASのEU域内での導入に関しても同様のことが妥当する。IAS適用の年度決算書が異なる国内監査基準に依拠して監査されることは矛盾することになるからである。EU委員会は，国際的な監査基準を法拘束的に容認するためには，当該基準が世界規模で容認されるか否か，公的監督のもとで正規の協議プロセスに従い開発されているか否かについて委員会自身が検討しなければならないとする。さらに，上質の監査品質要請を満たし，年度決算書および連結決算書が適切な写像を伝達することも必要とした上で，結局，国際的な監査基準の導入は欧州の公益に資することが前提だとするのである。

お わ り に

　繰り返し述べるように，2005年1月1日の「IAS適用命令」の適用と「現代化指令」の国内法転換の期限は間近に迫っている。EU加盟国は，この期限に合わせて会社会計法，資本市場法の改革を着実に進行させているかに見える。その背景には，欧州統一資本（証券）市場の実現と欧州企業の競争力強化という経済政策上の命題がある。本章が対象としたEUにおける会社会計法ならびに資本市場法関連の命令・指令・勧告の整備もそうした欧州の利害に応じた，会計制度の改編のための主要な法的施策である。本章で取り上げてきたEUの制度改革の動向もそれをたしかに示している。

　しかし問題は，これらの法的展開をもって，すべてのEU諸国と EU企業がIAS/IFRSを適用し資本市場向けの決算書の作成と公開ならびに監査に現実問題として，一途に進むかどうかである。

　IASBが公表するIAS適用命令に対してのEU各国の立法選択権の行使計画に関するEUの調査結果（2004年3月）を示したのが図表2-3および図表2-4である。この意識調査からは，基本として，義務の課された上場企業の連結決算

図表 2-3　EUおよびEEAにおけるIAS規制

	オーストリア	ベルギー	デンマーク
IASの実施状況	計画段階	計画段階	計画段階 (1)
上場会社			
1. 年度決算書にIASを許容する意見の採用	No	検討 注記 (3)	2009年前Yes 2009年後No
2. 年度決算書にIASを要求する意見の採用	No	検討 注記 (3)	2009年前No 2009年後Yes
その他の会社			
1. 連結決算書にIASを許容する意見の採用	Yes すべての会社	Yes Probably すべての形態	Yes すべての形態
2. 連結決算書にIASを要求する意見の採用	No	信用機関に対してProbably 将来はそれ以外の会社もProbably	No
3. 年度決算書にIASを許容する意見の採用	No	検討 注記 (3)	Yes すべての形態
4. 年度決算書にIASを要求する意見の採用	No	検討 注記 (3)	No
その他			
1. 規制市場に負債証券のみを取引認可される会社に対して2007年までIAS適用を延期する選択権の利用	Yes Probably	Yes Probably	Yes
2. IAS規制以前に国際的会計原則を採用し、非加盟国にて有価証券の公式取引認可の会社に対する2007年までのIAS適用延期の選択権の利用	Yes Probably	Yes Probably	No
3. 2005年以前のIASの早期適用と対象会社	Yes；1998年以降の連結決算書	Yes すべての会社の連結決算書	Yes フルセットのIASの採用時に

(1) デンマーク；計画が議会で審議中。金融会社・保険を除くすべての会社を対象。(2) アイルランド；与ければならない。(4) ドイツ；情報提供目的のみ。国内会計法に準拠する財務諸表は利益分配，課税，金融サーに応じなければならない。(6) フィンランド／ギリシャ；公認監査人により監査される。(7) イタリア；監では保険会社に国内法が適用。(9) イタリア；監督金融会社・広く大衆間に流通する金融商品を有する会社。

(出所) EU：Geplante Umsetzung der in der IAS Verordnung eingeräumten Wahlrechte, Die Tabelle Länder betreffend des Gebrauchs der in der IAS Verordnung einige,
http://www.europa.eu.int/comm/internal_market/accounting/ias_de.htm

の実施計画（2004年3月8日時点）

フィンランド	フランス	ドイツ	ギリシャ	イタリア	アイルランド
協議段階	計画段階	計画段階	法律	法律	協議段階 (2)
Yes	税と法的問題の解決までNo	Yes (4)	No	No	Yes Probably
Yes	No	No	Yes	Yes (5) 保険を除く	No
Yes (6) すべての形態	Yes 被連結会社	Yes すべての形態	Yes (6)	Yes 小企業を除く	Yes Probably すべての形態
No	No	Yes 上場登録予定会社	No	Yes 若干の会社 (7)	No
Yes (6) すべての形態 (8)	No	Yes (4) すべての形態	Yes (6)	Yes 保険・商企業・必要な会社を除く	Yes Probably すべての形態
No	No	No	No	Yes 若干の会社 (9)	No
Yes	Yes Possibly	Yes	No	No	No
No	No	Yes	No	No	No
上場会社の連結決算書は，2003年9月30日 保険を除くその他の会社の決算書すべてに2004年	No	Yes 上場会社の選択権1998年から	2004年12月31日 Yes (6)	No	No

えられる情報は示唆のみであり，協議プロセスを経て変化するだろう。(3) ベルギー；税と法的局面を検討しな
ビス管理にとって必要であり続ける。(5) イタリア；上場保険会社は，連結決算書を作成しない場合のみ，IAS
督金融会社・広く大衆間に流通する金融商品を要する会社・保険会社。(8) フィンランド；移行期の年度決算書
beinhaltet Informationen über die Absichten/Entscheidungen der neuen Mitgliedstaaten und Assoziierten

図表 2-4　EUおよびEEAにおけるIAS規制の

	ルクセンブルク	オランダ	ポルトガル
IASの実施状況	作業グループ	協議段階	作業グループ (10)
上場会社			
1. 年度決算書にIASを許容する意見の採用	Yes 税問題解決の場合は2007年possibly	Yes	No
2. 年度決算書にIASを要求する意見の採用	Probably No	No	Yes すべての形態
その他の会社			
1. 連結決算書にIASを許容する意見の採用	Yes 銀行2003年	Yes すべての形態	Yes 公認の決算書を伴う会社
2. 連結決算書にIASを要求する意見の採用	Probably No	No	No
3. 年度決算書にIASを許容する意見の採用	Yes 税問題解決の場合2007年possibly	Yes すべての形態	Yes 公認の決算書を伴う会社
4. 年度決算書にIASを要求する意見の採用	Probably No	No	No
その他			
1. 規制市場に負債証券のみを取引認可される会社に対して2007年までIAS適用を延期する選択権の利用	Yes Probably	No	No
2. IAS規制以前に国際的会計原則を採用し，非加盟国にて有価証券の公式取引認可の会社に対する2007年までのIAS適用延期の選択権の利用	No 未決定	No	No
3. 2005年以前のIASの早期適用と対象会社	個別案件ごとに判断	No	No

(10) ポルトガル；CNCが政府に提出した提案。銀行および保険領域の見解は含まない。 (11) スウェー
(出所) EU；Geplante Umsetzung der in der IAS Verordnung eingeräumten Wahlrechte, Die Tabelle Länder betreffend des Gebrauchs der in der IAS Verordnung einige.
http://www.europa.eu.int/comm/internal_market/accounting/ias_de.htm

実施計画（2004年3月8日時点）

スペイン	スウェーデン	イギリス	ノルウェイ	アイスランド	リヒテンシュタイン
法律	計画段階	協議段階	協議段階	作業グループ	法律
No	Yes	Yes	Probably No	Yes	Yes
No	No	No	No	Probably No	No
Yes すべての形態	Yes すべての形態	Yes 慈善部門を除くすべての形態	Yes Probably すべての形態	Yes すべての形態	Yes Probably すべての形態
No	金融部門について Possibly (11)	No	No	No	No
No	Yes すべての形態	Yes 慈善部門を除くすべての形態の会社	Probably No	Yes すべての形態	Yes すべての形態
No	No	No	No	No	No
Yes 銀行部門の会社除く	Yes	No	Yes	Yes Probably	No
No	No	No	Yes	Yes Probably	No
No	No	No	No ただし，国内法でほぼ可能	Yes Probably	2002年12月31日 Yes すべての形態

デン；金融機関および保険会社がIASを適用するための必要条件は早ければ2006年に明示される。
beinhaltet Informationen über die Absichten/Entscheidungen der neuen Mitgliedstaaten und Assoziierten

書に対するIAS適用を別にして，IAS適用に関して立法選択権の付された非上場会社（非資本市場指向的会社）の連結決算書，個別決算書に対して，EU加盟国が多様な取り組みを行う姿勢を見て取れる。しかも，個別決算書はもとより，非上場会社の連結決算書に対してIAS適用を要求あるいは許容するという意向を明確に示しているのは，ドイツのほか僅かの国のみである。おおむね，EU加盟国は連結決算書に限定して非上場会社について，IAS適用の選択の道を与えようとしている(27)。

こうした意識調査に現れているように，EUにおいて急速に進行している会社会計法ならびに資本市場会計規制の現代化・国際化は，現状では，あくまで資本市場の統合と，そこにおけるエクイティ・ファイナンスにかかわる情報機能を軸に展開しているものと捉えることができよう。そして，そのことはまた，配当規制，課税所得の算定と密接な関わりをもつ個別決算書の会計目的と会計機能については，これまでと同様に保持する立場が依然として存在していることを示唆している。EUにおける会計2005年問題は，EU統一市場の効率化と透明性を求めて会計の情報機能を重視する制度改編を示すとともに，従来から果たしてきた利益（ないし所得）算定という会計の機能との関係で社会的合意制度としての会計制度が存立する基盤が改めて問い直されている転換期を意味しているといえよう（2004年11月6日脱稿）。

注

(1) Vgl.,Kommission der EU [1999]．この公式意見書も含めて，以下，EU関連の資料については，EUの公式ホームページ（http://www.europa.eu.int/comm/internal_market/financial-reporting/index_de.htm）から入手している。
(2) Vgl., Kommission der EU [2000a].
(3) Vgl., Europäische Union [2002].
(4) Vgl., Europäische Union [2003b].
(5) Vgl., Kommission der EU [2003a].
(6) Vgl., CESR [2003a].
(7) Vgl., Kommission der EU [2004].
(8) なお，筆者の場合，EUの会計制度再編過程における「金融市場：行動計画」ならびに「EUの会計戦略：将来措置」の位置づけ，およびそれに対する1990年代のEU加盟国の対応に関しては，主要国ドイツを中心に，佐藤誠二［2001］において検討してい

第 2 章　EUにおける会計2005年問題　　75

(9)　Vgl., Kommission der EU ［2001］.
(10)　Europäische Union ［2002］, L 243/1-3. なお，「IAS適用命令」の内容については，佐藤誠二［2003］もあわせて参照されたい。
(11)　Vgl., Kommission der EU ［2002a］.
(12)　以下の内容については，主としてKommission der EU ［2002a］, S. 3-4 und S. 24-25を参照して論述している．
(13)　Europäische Union ［2004b］, S. 1-2.
(14)　Ebenda, S. 4.
(15)　以下の内容については，次を参照して論述している。Europäische Union ［2003a］, S. 1-4, Europäische Union ［2004b］, S. 2-3.
(16)　この内容に関して簡潔に紹介したものとして，外務省ホームページ（http://www.mofa.go.jp/mofaj/area/eu/kinyu_s.html）に掲載されている「EU金融サービス市場統合に向けた動き」（平成13年 4 月），「ラムファルシー・リポートの概要」（平成13年 2 月15日）がある。
(17)　CESRに関する資料は，公式ホームページ（http://www.cesr-eu.org）から入手している。
(18)　CESR ［2003a］, S. 6-10.
(19)　IASB, IFRS1 on First Time Adoption of International Financial Reporting Standards. なお，IFRS第 1 号の公開草案については，日本公認会計士協会の翻訳，国際財務報告基準書「国際財務報告基準の初度適用」がホームページ上で公開されている。
(20)　Europäische Union ［2004c］, L 111/3.
(21)　CESR ［2003a］, S. 4.
(22)　Vgl., Kommission der EU ［1998］.
(23)　Vgl., Kommission der EU ［2000b］.
(24)　Vgl., Kommission der EU ［2002b］.
(25)　Vgl., Kommission der EU ［2003b］.
(26)　以下，Kommission der EU ［2004］, S. 12-15を参照して論述。
(27)　IAS適用命令の公布以降，EUにおいてどのような制度的対応がなされているのか，とくにドイツを中心に論考したものとして，佐藤誠二案［2004］を参照されたい。なお，ドイツにおける最新の「会計法改革法（BilReG）」案において，商法典（HGB）に第315a条を新設して，資本市場指向的企業だけでなく，資本市場を指向しない（上場や有価証券の取引認可しない）企業にまで，連結決算書のIAS適用を許容し，さらに，第325条の中に2a項，2b項を新設して，情報目的に限定して，個別決算書に対してまでIAS適用を許容する規定を導入することが指示されている（本書第 3 章を参照）。

参 考 文 献

Kommission der EU ［1998］, Mitteilung der Kommission betreffend die Abschlußprüfung in der Europäischen Union : Künftiges Vorgehen, 08. 05. 1998, Amtsblatt der EU, C 143/12-18.

Kommission der EU [1999], Mitteilung der Kommission, Finanzdiestleistungen : Umsetzung des Finanzmarktrahmens : Aktionplan, KOM (1999) 232, 11. 05. 1999, S. 1-30.

Kommission der EU [2000a], Mitteilung der Kommission, "Rechnungslegungsstrategie der EU : Künftiges Vorgehen", KOM (2000) 359, 13. 06. 2000, S. 1-12.

Kommission der EU [2000b], Empfehlung der Kommission 2001/256/EG vom 15. 11. 2000 : Mindestanforderungen an Qualitätssicherungssysteme für die Abschlussprüfung in der EU, Amtsblatt der EU, L 91/91-97.

Kommission der EU [2001], Vorschlag für eine Verordnung des Europäischen Parlaments und des Rates, betreffend die Anwendung internationaler Rechnungslegungsstandards, KOM (2001) 80, S. 1-24.

Kommission der EU [2002a], Vorschlag für eine Richtlinie des Europäischen Parlaments und des Rates zur Änderung der Richtlinien 78/660/EWG, 83/349/EWG und 91/674/EWG über den Jahresabschluss und den konsolidierten Abschluss von Gesellschaften bestimmter Rechtsformen sowie Versicherungsunternehmen, KOM (2002) 259/2, 09. 07. 2002, S. 1-28.

Kommission der EU [2002b], Empfehlung der Kommission 2002/590 vom 16. 05. 2002 —Unabhängigkeit des Abschlussprüfers in der EU —Grundprinzipien, 19. 07. 2002, Amtsblatt der EU, L 191/2257.

Kommission der EU [2004], Vorschlag für eine Richtlinie des Europäischen Parlaments und des Rates über die Prüfung des Jahresabschlusses und des konsolidierten Abschlusses und zur Änderung der Richtlinien 78/660/EWG und 83/349/EWG des Rates, 17. 02. 2004, S. 1-39.

Kommission der EU [2003a], Vorschlag für eine Richtlinie des Europäischen Parlaments und des Rates zur Harmonisierung der Transparenzanforderungen in Bezug auf Information über Emittenten, deren Wertpapiere zum Handel auf einem geregelten Markt zugelassen sind, und zur Änderung der Richtlinie 2001/34/EG, KOM (2003) 138, 26. 03. 2003, S. 1-70.

Kommission der EU [2003b], Mitteilung der Kommission an den Rat und das Europäische Parlament "Verstärkung der Abschlußprüfung in der Europäischen Union", 02. 10. 2003, Amtsblatt der EU C 236/2-13.

Europäische Union [2002], Verordnung (EG) 1606/2002 des Europäischen Parlaments und des Rates vom 19. 07. 2002, betreffend die Anwendung internationaler Rechnungslegungsstandards, Amtsblatt der EU, L 243/1-4.

Europäische Union [2003a], EU Press releases : Wertpapiermärkte : Kommission schlägt Richtlinie zur Erhöhung des Anlegerschutzes und der Transparenz vor, IP/03/436, 26. 03. 2003, S. 1-4.

第2章　EUにおける会計2005年問題　　77

Europäische Union [2003b], Modernisierung und Aktualisierung der Rechnungslegungsvorschriften Richtlinie 2003/51/EG des Europäischen Parlaments und des Rates vom 18. 6. 2003 zur Änderung der Richtlinien 78/660/EWG, 83/349/EWG, 86/635/EWG und 91/674/EWG über den Jahresabschluss und den konsolidierten Abschluss von Gesellschaften bestimmter Rechtsformen, von Banken und anderen Finanzinstituten sowie von Versicherungsunternehmen, Amtsblatt der EU, L 178/16-22.

Europäische Union [2003c], Übernahme bestimmter internationaler Rechnungslegungsstandards in Übereinstimmung mit der Verordnung (EG) 1606/2002 (Bedeutung für den EWR) Verordnung (EG) 1725/2003 der Kommission vom 29. 09. 2003.

Europäische Union [2003d], Richtlinie 2003/71/EG des Europäischen Parlaments und des Rates vom 4. November 2003 betreffend den Prospekt, der beim öffentlichen Angebot von Wertpapieren oder bei deren Zulassung zum Handel zu veröffentlichen ist, und zur Änderung der Richtlinie 2001/34/EG, Amtsblatt der EU, L 345/64-89.

Europäische Union [2004a], EU Press releases : Prüfung von Unternehmensabschlüssen : Richtlinienvorschlag der Kommission zur Bekämpfung von Betrug und Missbrauch, IP/04/340, 16. 03. 2004.

Europäische Union [2004b], EU Press releases : Gut Nachrichten für Anleger : Europäisches Parlament billigt vorgeschlagene Transparenzrichtlinie, IP/04/398, 30. 03. 2004, S. 1-3.

Europäische Union [2004c], Verordnung (EG) Nr. 707/2004 der Kommission vom 06. 04. 2004 zur Änderung der Verordnung (EG) Nr. 1725/2003 betreffend die Übernahme bestimmter internationaler Rechnungslegungsstandards in Übereinstimmung mit der Verordnung (EG) Nr. 1606/2002 des Europäischen Parlaments und des Rates, Amtsblatt der EU, L 111/3-17.

CESR [2003a], European Regulation on the Application on IFRS 2005 ; Recommendation for additional Guidance regarding the Transition to IFRS, Ref : CESR/03-323e, December 2003, S. 1-10.

CESR [2003b], Press Release, Preparing for the implementation of International Financial Reporting Standards (IFRS), CESR/03-514, 30. 12. 2003, S. 1-2.

佐藤誠二 [2001]『会計国際化と資本市場統合―ドイツにおける証券取引開示規制と商法会計法との連携―』森山書店。

佐藤誠二 [2003]「EUにおける会計国際化の新たな展開―『IAS適用命令』と『EU指令の現代化構想』に関連して―」,『會計』第163巻第1号。

佐藤誠二 [2004]「EUとドイツにおける会計国際化の将来課題」,『ワールドワイドビジネスレビュー』(同志社大学) 第5巻 (国際会計カンファレンス特集号)。

(佐藤　誠二)

第3章
EU指令・命令のドイツ会計法への転換
―会計法改革法の制定―

はじめに

ドイツの会計制度は，いま，EUの会計関連指令・命令の新たな転換を目指した変革の過程にある。EUの指令として，ドイツ法への転換が求められるのは「公正価値指令」（2001年9月27日），「規模基準値修正指令」（2003年5月13日）そして「現代化指令」（2003年6月18日）の3つである[1]。

また，加盟国を直接的に拘束するEUの命令として，「IAS適用命令」（2002年7月19日）が存在する[2]。この命令の目的は，統一的会計基準としてのIASを2005年から域内資本市場に導入することであり，それに伴いEUにおけるIASへの「2005年対応」が現実化する。

EUの加盟国であるドイツにとって，こうした一連の指令および命令への対応は非常に大きな意味をもつものといえよう[3]。これを背景にドイツではさらなる制度改革が求められ，2004年に成立した2つの会計関連立法はその象徴といえる。ここで2つの立法とは，1つは「国際的会計基準の導入および決算書監査の質の確保に関する法律：会計法改革法（BilReG）」であり，そしていま1つは「企業決算書の統制に関する法律：会計統制法（BilKoG）」である。

前者の「会計法改革法（BilReG）」（以下，BilReGとのみ表記する）は，IAS適用命令への対応に加えて，公正価値指令，規模基準値修正指令そして現代化指令のドイツ法への転換を目指すものである。また，後者の「会計統制法（BilKoG）」は，決算書の順法性を監視するための機関の創設とその手続き，いわゆるエンフォースメントに関する法的根拠の導入を図るものである。

総じて，この2つの法律は，2003年2月25日に連邦法務省と連邦財務省が共同で発表した「企業の清廉性および投資家保護の強化のための連邦政府の措置一覧」（以下，「措置一覧」と表記する）を立法に反映させることを目的としている（図表3-1）。

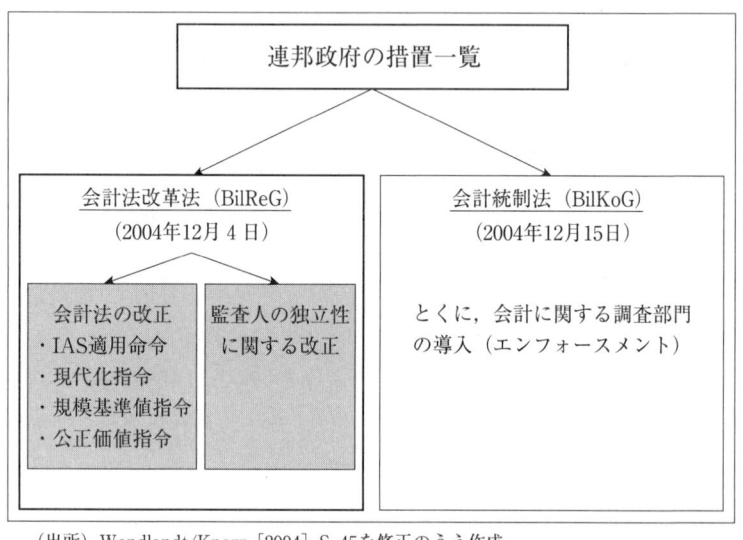

図表3-1　連邦政府の「措置一覧」と2つの会計関連立法

```
                    連邦政府の措置一覧
                   ／              ＼
      会計法改革法（BilReG）      会計統制法（BilKoG）
        （2004年12月4日）          （2004年12月15日）

   ┌──────────┬──────────┐     とくに，会計に関する調査部門
   │ 会計法の改正    │ 監査人の独立性│     の導入（エンフォースメント）
   │・IAS適用命令   │ に関する改正  │
   │・現代化指令    │              │
   │・規模基準値指令 │              │
   │・公正価値指令  │              │
   └──────────┴──────────┘
```

（出所）Wendlandt/Knorr［2004］, S. 45を修正のうえ作成。

　この「措置一覧」は，2002年に連邦政府が先行的に呈示した，いわゆる「10項目プログラム（10-Punkte-Programm）」にもとづくものである。そのうち，とくに「4．会計規準のさらなる発展および国際的会計基準への適合」，「5．決算書監査人の役割の強化」，そして「6．独立部門による具体的な企業決算書の法的正当性の監視（エンフォースメント）」の3項目の提案が，今回，具体化される[4]。

　本章の目的は，2つの立法のうち，とくにBilReG（2004年12月4日付）を分析の対象として，EUの会計指令・命令の転換に向けたドイツ会計制度改革のあり方を明確にすることである。その場合，BilReGをつうじてドイツ会計法のなかに組み込まれるIAS適用条項を考察の中心に据えたい。

第1節　IAS適用命令と連邦政府のIAS導入案

(1) IAS適用命令の要点

ドイツにおけるIASへの制度的対応としては，1998年の資本調達容易化法（KapAEG）による連結決算書の免責条項（HGB第292a条）が重要であった。そこでは，IASならびにUS-GAAPを「国際的に認められた会計原則」とみなして，IAS（もしくはUS-GAAP）準拠の連結決算書の許容のもと，HGB準拠の連結決算書の作成を免除する措置が講じられた。これは，以前から任意でIAS（もしくはUS-GAAP）準拠の連結決算書を作成していたドイツ企業の実務対応を，法制度上支援するところに目的があった[5]。

その後，EU域内の資本市場の一体化の観点から，統一的会計基準としてのIASの採用が現実化するに至った。すなわち，EUのIAS適用命令にもとづき，2005年以降，その数7,000社といわれる域内対象企業が一斉にIASを採用する方向が確定した。

IAS適用命令によれば，EUの資本市場指向的企業は，IASにもとづく連結決算書の作成が義務づけられる。ただし，図表3-2に示すとおり，資本市場指向的企業の個別決算書，ならびにその他の企業（非資本市場指向的企業）の連結決算書と個別決算書に対してIASをどう扱うかは，加盟国選択権（各国の立法判断）にゆだねられている[6]。

図表3-2　IAS適用命令が定めるIASの実施方法

	連結決算書	個別決算書
資本市場指向的企業	IAS適用義務	加盟国選択権
その他の企業	加盟国選択権	加盟国選択権

したがって，注目されるのは，IAS適用命令への対応にあたりドイツが加盟国選択権をどのように行使するのかという点である。つまり，ドイツがIASを導入する場合，その義務化もしくは任意適用（企業選択権）という選択肢が考

えられる。

(2) IASの導入に関する連邦政府の提案

連邦政府の「措置一覧(10項目プログラム)」では，IAS適用命令が保証する加盟国選択権の行使に関して，次のように提案されている。すなわち，IASは資本市場指向的企業の連結決算書を超えて，その他の企業の連結決算書，さらには，情報目的（HGB第325条～第329条）に限定のうえ，個別決算書に対しても適用されるべきである。その場合，個別決算書ならびに非資本市場指向的企業の連結決算書に対しては，企業選択権によりIASを任意適用とすべきである[7]，と。

このように，連邦政府の「措置一覧」の提案は，IAS適用命令の義務的範囲を超えて，図表3-3に示すとおり，任意適用（企業選択権）の形で，資本市場指向的企業の個別決算書，ならびにその他の企業（非資本市場指向的企業）の連結決算書および個別決算書に対して，IAS適用の可能性を開くものである。

図表3-3　連邦政府が提案するIASの実施方法

	連結決算書	個別決算書
資本市場指向的企業	IAS適用義務	任意適用 （企業選択権）[注]
その他の企業	任意適用（企業選択権）	任意適用 （企業選択権）[注]

注）個別決算書に対するIASの適用は情報目的に限定され，別途，HGB準拠の個別決算書の作成が要求される。

ただし，連邦政府の「措置一覧」によると，IAS準拠の個別決算書は情報目的に限定のうえ容認され，別途，HGB準拠の個別決算書の作成が必須となる。すなわち，債権者保護，配当可能利益および課税所得の算定に資するHGB準拠の個別決算書が要求される一方で，企業には，情報目的に限定したIAS準拠の個別決算書の作成を可能にする選択権が与えられる。それは，HGB第325条にもとづき商業登記所に提出される個別決算書であり，大規模資本会社の場

合，当該決算書は連邦官報に公告される。この選択権を利用する企業は，会社法目的および課税目的等のために，別途，HGBに準拠した個別決算書を作成しなければならない[8]，と。

したがって，IASの導入をめぐる連邦政府の方針は，従来のHGB準拠の個別決算書を放棄するというものではない。換言すれば，利益測定面に資するHGB準拠の個別決算書の保持を要件にして，情報目的に特化したIAS準拠の個別決算書の作成という選択肢を企業に与えるところにポイントがある。

第2節　BilReGにおけるIAS適用命令への対応

上述のように，BilReGは，連邦政府の「措置一覧」の提案を具体化するための立法措置である。その場合，BilReGによる改革の骨子は，第1に監査人の独立性の確保による決算書監査の強化，第2に中小規模企業に対する規制緩和，第3に国際的会計基準の適用，第4にEU指令へのドイツ法の適合である。とくに注目すべき「国際的会計基準の適用」に関し，BilReGは，HGB，開示法ならびにHGB施行法など多くの法律の修正を指示する内容になっている[9]。

(1)　連結決算書に対するIAS適用

① 　HGBの修正

1) 基本方針

IAS適用命令により，2005年以降，資本市場指向的企業の連結決算書に対して，自動的にIASの適用義務が生じる。EUの「命令」は「指令」とは異なり，加盟国を直接的に拘束するためである。したがって，EUの「命令」のなかでIASの適用義務が定められている限り，ドイツ法上それにみあう新規定を設ける必要はない。

ただし，IAS適用命令に抵触しない（もしくは許容される）範囲で，ドイツ企業の連結決算書へのIAS適用に関し，その対象となる企業の範囲の拡大措置および制限措置を同時に設けることは可能とされる。すなわち，一方でIAS適用

命令の指示を超えてIASの義務的範囲を拡大し、他方で経過措置にもとづき特定の企業群に対してIASの適用時期を遅らすこともできる。この場合の立法判断の指針は、BilReGの政府草案理由書によれば、IAS適用の選択の幅を拡大し、もってドイツの企業サイドに最大限の弾力性を保証するという点である。

こうしたIAS適用の拡大措置ならびに制限措置に関し、政府草案（2004年4月21日付）の理由書では次のような説明が行われている。

本法案は、連邦政府の「措置一覧」の発表に従い、連結決算書においてIASの適用に関する包括的な企業選択権を定めている（HGB第315a条、開示法第11条6項2号）。IASによる連結会計義務は、IAS適用命令の義務的範囲を超えて、本法案では、規制市場での有価証券取引の認可申請段階の企業に対しても定められる。この方法で、現行のHGB第292a条に従いこれまで一定の要件のもとでIASの連結会計を選択しえた資本市場指向的企業に対して、投資家の情報ニーズに応える形でIASの適用が強制される。それ以外の、すなわち連結決算書の作成義務を負う中規模以上のコンツェルン親企業に対しては、従来の法律の域を超えて、取引相手にIASに準拠した連結決算書を呈示する選択肢が与えられる。

また、IAS適用命令の第9条によれば、加盟国は、特定の資本市場指向的企業に対して、IASの強制適用を2年延期することができる。この経過規定は、（株式とは異なる）負債証券を発行するか、もしくはIAS適用命令の発布以前からEU域外の国—とくにアメリカ合衆国—において、取引所上場目的のためにUS-GAAPに準拠している企業に適用される。この選択権を本法案は完全に利用する。この点でも、本法案は企業サイドに最大限の弾力性を与えるものである[10]、と。

2) 連結決算書に対するIAS適用条項（HGB第315a条）

BilReGは、IAS適用命令を受けて、連結決算書に対するIAS適用条項を具体化する。その場合、HGB第三編第2章第2節に「第10款　国際的会計基準にもとづく連結決算書」が新たに追加され、そこに第315a条が収容される。

BilReGは従来の法務省案を修正のうえ[11]、次のような内容の第315a条を新

設する。

　HGB第315a条

「(1)　第1款の規定にもとづき連結決算書の作成義務を負う親企業が，そのつど通用している国際的会計基準の適用に関する2002年7月19日付のEU議会および理事会の命令（1606/2002）の第4条にもとづき，当該命令の第2条，第3条および第6条により承認された国際的会計基準の適用義務を有するならば，第2款から第8款までの規定のうち，第244条および第245条との関連においてのみ第294条3項，第298条1項，さらに第313条2項から4項，第314条1項4号，6号，8号および9号，ならびに第9款の規定，そして連結決算書および連結状況報告書に関連する本節以外の規定を適用しなければならない。

(2)　1項に該当しない親企業が，そのつど貸借対照表基準日までに，有価証券取引法第2条5項の意味での組織化された市場での取引のために有価証券取引法第2条1項1文の意味での有価証券の認可申請を国内で行った場合，そこに掲げられた国際的会計基準および諸規定にもとづき連結決算書を作成しなければならない。

(3)　1項もしくは2項に該当しない親企業は，1項に掲げられた国際的会計基準および諸規定にもとづき連結決算書を作成することが認められる。この選択権を利用する企業は，1項に掲げられた基準および諸規定に完全に準拠しなければならない。」[12]

3）　第315a条の創設理由

　このHGB第315a条の創設に関して，BilReG政府草案の理由書では次のように説明されている。

　HGB第315a条は，IAS適用命令を補完し，それとともに国際的基準に従う連結会計の新たな法的枠組みを形成するものである。HGB第292a条は，有価証券の発行体として規制市場に上場，もしくは上場の認可申請を行った親企業に対して，国際的に認められた会計原則に準拠した連結決算書の作成を容認している。コンツェルンに属する企業が発行体として活動する場合にも同じ措置が認められる。これにもとづき，これまでアメリカの資本市場を利用し，しかも国内の資本市場に上場する企業の多くが，US-GAAPもしくはIAS準拠の連結決算書を作成してきた。連結決算書へのIAS適用に関する新規定との関連において，第292a条の削除が必要となる。

　IAS適用命令でもって，2005年から，IASはEUの資本市場指向的企業の連結

決算書に義務づけられる。IAS適用命令の対象範囲は，従来のHGB第292a条のそれよりも狭い。すなわち，同命令の第4条にもとづき，コンツェルンの親企業が有価証券の発行体として上場する場合に限定される。IAS適用命令によれば，コンツェルン子企業の同様の行為，さらに親企業による取引所への認可申請では，IASの適用義務は生じない。ただし，同命令第5条bは，IASの適用をその他の企業の連結決算書に許容するか，または強制するオプションを加盟国に付与している。新第315a条でもって，IASの適用に関し企業に最大限の弾力性が与えられるよう，当該オプションが利用される[13]。

さらに，第315a条の詳細について，理由書による次のような説明がある。

第315a条1項は，連結決算書の作成義務を有し，かつIAS適用命令に従い，連結決算書をIASに準拠して作成すべき企業に適用される。IAS適用命令によれば，これは，EUの規制市場において有価証券が認可されているすべての連結決算書作成企業のことである。また，1項は，IAS準拠の連結決算書に対して，IASと並んで，追加的に特定のドイツ規定を適用することを定めている。それは，HGB第三編における第2章第2節の第2款から第8款の規定，すなわち連結範囲と連結決算書の内容を定める第294条から第314条であり，当該規定が第315a条1項に従い，IASと並行して適用される。

2項は，—IAS適用命令の範囲を超える—IASへの準拠を指示するものである。それは，決算日までに外国の公式市場もしくは規制市場において有価証券取引の認可申請が行われたケースに対してである。なお，2項は，もっぱらコンツェルン親企業が行う認可申請だけを対象としている。子企業による認可申請の場合，IASの適用義務は生じない。その限り，2項は親企業のみを対象とするIAS適用命令に沿うものである（当該2項は，HGB施行法第58条により2007年度より適用される）。

3項1文は，非資本市場指向的—正確には，IAS適用命令もしくは2項の対象にならない—親企業に対して，連結決算書をHGBに準拠する代わりに，IASに準拠して作成する可能性を与えるものである。この措置は，HGB施行法にもとづき，IAS適用命令への準拠を2年間猶予される企業にも適用される。ま

た2文は，IASならびに1項に掲げられたHGBの規定に完全に準拠すべき旨を明示している[14]。

② 開示法の修正

1) 開示法第11条の修正

ところで，連結決算書に対するIASの適用（HGB第315a条）に連携した形で，BilReGをつうじて，開示法の「第11条 会計義務を負う親企業」にも修正が加えられる。とくに，開示法第11条6項に関して，新2号および新2文が加えられ，次のような内容となる（修正箇所は強調）。

開示法第11条6項
「(6) 以下の商法典の規定が意味に即して適用される
1．免責される連結決算書および連結状況報告書に関する第291条
2．国際的会計基準にもとづく連結決算書に関する第315a条，ただし当該規定の2項は，親企業がその法形態にもとづき，そのつど通用する国際的会計基準の適用に関する2002年7月19日付のEU議会および理事会の命令（1606/2002）の適用範囲に該当する場合にのみ。
商法典第315a条3項1文2号の要件が満たされる場合，本法の第5条5項と関連する第13条2項1文および2文，3項1文および2文は適用されない。」[15]

2) 理由書による説明

この開示法の修正に関して，理由書では，次のように説明されている。

開示法第11条6項1文2号は，IAS連結会計に関するHGBの規定の適用を，開示法に服する企業にまで拡大するものである。これにより，HGB第315a条が開示法対象企業に転用される。規制市場での有価証券発行の認可申請を行った開示法対象企業もまた，IAS準拠の連結決算書を作成する義務を負う。

さらに，開示法第11条6項における新2文の挿入は，IAS連結決算書に対して，開示法の第5条5項と関連する同法第13条における諸規定の適用除外を示すためのものである[16]。

③ HGB施行法の修正

1) 経過規定（HGB施行法第57条）の創設

ところで，HGBならびに開示法の修正に加えて，HGB施行法にも新たに

「第21節　IAS適用命令ならびに会計法改革法に関する経過規定」が設けられ，そこに第57条が収容される。それは次のような規定である。

HGB施行法第57条

「次の各号に該当する会社に対して，そのつど通用している国際的会計基準の適用に関する2002年7月19日付のEU議会および理事会の命令（1606/2002）の第4条が，2006年12月31日の後に始まる営業年度から適用開始となる

　1．EU加盟国，もしくは2002年12月16日付のEU議会および理事会の指令（2002/87/EWG）をつうじて修正された有価証券サービスに関する1993年5月10日付の指令（93/22/EWG）の第13条1号の意味でのその他の欧州経済圏協定の条約国の規制市場における取引のために，たんに負債証券が認可されているにすぎない会社，または

　2．有価証券が第三国における公の取引のために認可され，かつその目的のために，2002年9月11日より前に始まる営業年度から，国際的に認められた会計基準を適用している会社。

1文2号の意味での第三国とは，EUの加盟国にも欧州経済圏協定の条約国にも該当しない国である。」[17]

2）　理由書による説明

政府草案の理由書によれば，このHGB施行法第57条に関して，次のように説明されている。

本規定でもって，IAS適用命令の第9条にもとづく加盟国選択権が行使される。当該選択権により加盟国は，2005年からのIASの強制適用を，特定の企業群に対して2年間延期することができる。

これに該当するのは，1つは，負債証券のみを発行している会社（1文1号）である。そしていま1つは，第三国における上場目的のために国際的に認められた基準を適用している会社（1文2号）である。国際的に認められた基準には，IASのほかにアメリカ合衆国のUS-GAAPが該当する。US-GAAPについては，EUの官報でIAS適用命令が公表された2002年9月11日よりも前に始まる営業年度から適用されていたことが前提である。さらにUS-GAAPは，第三国，すなわちEUおよび欧州経済圏以外の国（2文）における上場目的のために適用されている必要がある。

1文1号もしくは2号の要件が満たされる場合，IAS適用命令第4条は，同第9条と関連するHGB施行法第57条（新）にもとづき，2006年12月31日の後に始まる営業年度からはじめて適用される。もっとも，こうしたIAS適用の延期措置は，該当企業が，2004年12月31日の後に始まる営業年度から，IAS準拠の連結決算書（HGB第315a条3項）ならびに情報指向のIAS個別決算書（HGB第325条2a項）を任意に作成することを妨げるものではない[18]。

④ 免責条項（HGB第292a条）の廃止

なお，以上の一連の改正を受けて，1998年の資本調達容易化法（KapAEG）による連結決算書の免責条項（HGB第292a条）は不要とみなされ，削除される。

理由書によれば，国際的会計基準の適用は，IAS適用命令をもって，またHGBへの新第315a条の導入をもって新たな法的根拠が与えられる。資本調達容易化法（KapAEG）の第5条2文にもとづき，第292a条は2004年12月31日で失効し，今後は不要となる。したがって，当該規定は廃止される[19]。

(2) 個別決算書に対するIAS適用

① 加盟国選択権の行使（HGB第325条2a項および2b項）

IAS適用命令によれば，個別決算書に対するIASの適用方法に関しては，加盟国選択権が付与されている。その限り，加盟国にはIASの導入に関して，その強制適用，任意適用（企業選択権），もしくは禁止という選択肢がある。

これを受けてBilReGにより，決算書の公示義務を定めるHGB第325条のなかに，IAS準拠の個別決算書に関する規定が挿入される。具体的には，HGB第325条2項の後に次の2a項および2b項が新設され，これにより個別決算書に対するIASの許容が明文化される。

HGB第325条2a項および2b項

「(2a) 2項にもとづく公示の際，第315a条1項1文に指定された国際的会計基準にもとづき作成された個別決算書を，年度決算書におきかえることができる。この選択権を利用する企業は，そこに掲げられた基準に完全に準拠しなければならない。当該決算書に対しては，第243条2項，第244条，第245条，第257条，第285条1文7号，8b号，9号から11a号，14号から17号，第286条1項および3項ならびに第

287条が適用される。第289条にもとづく状況報告書は，必要な範囲で1文にもとづく決算書に言及しなければならない。その限り，商法典第三編第1章第2節および第2章第1節のその他の規定は適用されない。附属説明書への第286条1項の適用のために，2文に掲げられた要件を遵守できない場合には，1文にもとづく選択権は消滅する。

(2b) 2a項にもとづく個別決算書の公示に関する免責効果は，次の場合にのみ生じる

1．決算書監査人により年度決算書に付与される確認の付記もしくはその差し控えの付記のかわりに，2a項にもとづく決算書に対する相応の付記が2項に従う公示に組入れられ，

2．利益処分案および場合により利益処分決議が，年度剰余額もしくは年度欠損額を記載のうえ，2項に従う公示に組入れられ，そして

3．確認の付記もしくはその差し控えの付記を伴う年度決算書が，1項1文および2文に従い公示された場合。」[20]

② 個別決算書に対するIAS適用の背景

この第325条2a項および2b項の定めにより，大規模資本会社（HGB第267条3項）に対して，公示目的（情報目的）に限定したIAS個別決算書の作成が容認される。政府草案の理由書においては，こうしたIAS導入の背景に関し，次のように説明されている[21]。

2003年2月25日の「措置一覧」において，連邦政府の提案として，個別決算書におけるIASの許容を情報目的に限定し，それ以外の目的のために伝統的なHGB個別決算書を保持することが公にされた。本法案はこの方針に従う。

こうしたIASの限定的容認の理由は，国際的基準では対応できない，個別決算書の異質の目標設定にある。IAS決算書は情報目的に有益との評価があるが，（ドイツの）個別決算書は情報目的以外に，配当測定の基礎（株式法第57条3項，第58条4項），また税務上の利益測定の基礎（所得税法第5条1項1文）として用いられる。

しかし，IAS決算書は，配当測定の基礎として適切ではないと思われる。その根拠は，IASにおいては—情報目的の一貫した追求のため—公正価値の思考が非常に強調され，（HGBの思考では）未実現利益（株式相場，利子率の変動によ

るたんなる価格変動）が—しかも多くは利益作用的に—計上されなければならないという点である。情報目的を考慮すれば，未実現利益の計上にも意義が認められるが，他方，持分所有者に未実現利益を分配することは意義が乏しいように思われる。

　同様に，IASが課税の基礎になることも適切ではないと思われる。担税力にもとづく課税原則に合致しない利益の見越計上により矛盾が生じうる。しかも決定的な点は，IASが私的な機関，すなわちIASBにより設定されることである。その限り，国内の税立法者が立法権限を部分的にも放棄し，その権限を私的機関にゆだねることはほぼ想定できない。

　また，IAS決算による年ごとに変動幅の大きい利益は，適切な課税基礎になりえない。税の支払者も国庫も一方では税務上の負担，他方では国庫収入の安定性に明確な関心をもち，それらの予測の確実性を求めている。

　個別決算書の多様な目標を1つの会計基準で最適化できないのであれば，企業にとって，一定の会計コストの累積は避けられない。このため，本法案は，連邦政府の「措置一覧」に同意する形で以下の結論に達した。

　—個別決算書におけるIASの適用は，投資家およびその他の取引相手に対するより良い情報目的のために，もっぱら任意で行われる。
　—情報指向のIAS個別決算書の公示を選択する企業は，それに加えて，会社法目的および税法目的のためにHGB準拠の個別決算書を作成しなければならない。
　—二重の会計に伴うコストは，—HGB第267条3項にいう大規模資本会社の場合—連邦官報での公告に関して，IAS決算書だけを要求することで軽減される。
　—小規模会社および中規模会社の場合，IAS個別決算書に関する規制は見送られる。当該企業は，いずれにせよHGB準拠の決算書だけを，登記裁判所への提出をつうじて公示できる。もちろん当該企業が別途IAS決算書を作成し，任意に監査を受け，適切な形で取引相手に呈示することを妨げるものではない。

　さらに，政府草案の理由書は次のように説明する。IAS適用命令の第5条により，加盟国は，IASにもとづく年度決算書（個別決算書）の作成を企業に認めるか，もしくは強制することができる。本法案は，この加盟国選択権を行使するものではないが，しかし，企業に最大限の弾力性を保証する規定を設けている。本法案は，年度決算書におけるIASの適用を何ら義務づけるものではな

い。本法案は，HGB第267条3項の意味での大規模資本会社に対して，年度決算書とは区別される，情報目的に資する個別決算書に対してIASの適用を可能にする企業選択権を設けている。HGB準拠の年度決算書は，会社法上の資本維持および配当測定，企業収益課税および特定の産業部門，とくに信用機関および保険企業の国家による監督目的のために，今後も一貫して要求される[22]。

このようにBilReGは，個別決算書に対して，情報目的に限定したIASの任意適用（企業選択権）という選択肢の幅を広げる一方で，利益測定目的等のために，HGBへの準拠をつねに要求するものである。こうしたIASの容認方法は，すでにみた連邦政府の「措置一覧（10項目プログラム）」の提案に沿ったものである。したがってBilReGは，企業サイドに大きな裁量を認めたうえで，個別決算書に対するIAS適用の可能性を現行のドイツ会計法体系のなかに組み込むものといえる。

この限り，個別決算書レベルへのIASの導入は，非常に限定的であるともいえよう。こうした立法判断に至った理由として，ヴェントラント／クノール（Wendlandt/Knorr）の整理によれば，次の6つの点が挙げられる[23]。

―個別決算書は，配当測定の基礎である。IASにもとづく公正価値による貸借対照表項目の評価は，未実現利益の分配を導く。

―個別決算書は，税の算定基礎である。公正価値による貸借対照表項目の評価は，未実現利益に対する課税をもたらす。また，納税義務者も国家も意図しない課税算定基礎の著しい変動を招く。

―国内の税の立法権限が，超国家的な私的機関に移行する可能性がある。

―個別決算書は，債権者保護の機能を有している。この機能が，IAS決算書にもとづく配当および課税により空洞化する可能性がある。

―（配当額の決定に関する）ソルベンシー・テスト（solvency-test）はEU法に調和しない。

―基準性原則の廃止および独立した税務会計法の創設は，企業に大きな負担をもたらすため，目下のところ必要ではない。

なお，第325条2a項および2b項の詳細に関しては，理由書において次のような補足説明がある。必要な範囲で確認しておこう。

本法案は，第325条2a項1文において，決算書および状況報告書の情報目的

を実現する公示を定めている。企業がIASに準拠して個別決算書を作成するならば，それを連邦官報に公告することができる。その場合には，HGB決算書の連邦官報への公告義務が免除される。したがって，企業はIAS決算書を公示義務の対象とし，公衆に対して，国際会計を備える企業として強い印象づけを行うことが可能になる。

年度決算書は，会社法，税法そして監督法との関連で意義を有する。したがって，年度決算書は従来どおりHGBに従い作成され，決算書監査人による監査を受け，さらにHGB第325条2a項（新）を適用する場合においても，商業登記所への提出による公示が求められる（2b項3号）。多くの規定で用いられている「年度決算書」の概念は，HGB準拠の個別決算書を意味するものとして不変である。他方，IAS個別決算書は，「国際的会計基準にもとづく個別決算書」または「HGB第325条2a項1文にもとづく個別決算書」とよばれる。

2a項2文は，完全な形でIASに準拠しなければならないことを定めるものである。したがって，IAS個別決算書は，例外を除いて一部はIAS，そして他の部分はHGBへの準拠といった形で作成されてはならない。

3文から5文は，IASにもとづく個別決算書ならびに状況報告書に対して，HGB第三編第1章および第2章のどの規定が用いられるかを明確にしている[24]。

(3) 小 括

以上のように，BilReGによるIAS適用命令への対応は，幾つものドイツ会計関連法規を改正して[25]，そのなかにIAS適用条項を組み込む形で実行される。その場合，BilReGがIASの導入方法に関し，基本的に，2003年の連邦政府の「措置一覧（10項目プログラム）」の提案を踏襲していることは明らかである。

まず，IAS適用命令と新設のHGB第315a条に伴い，従来の連結決算書の免責条項（HGB第292a条）が期限どおり廃止される。連結決算書に対するIASの適用可能性に関していえば，ドイツの免責条項（HGB第292a条）の対象企業は，IAS適用命令よりも範囲が広いものになっている。これに一部対応させて，

BilReGでは，IAS適用命令の指示を超えて，有価証券取引の認可申請段階の企業にまでIASの適用義務を拡大する。また他方において，IASの適用を制限するための経過措置を設け，特定の企業（負債証券発行企業およびUS-GAAP準拠企業）に対して，IAS適用命令の初回適用を2年間，すなわち2007年まで延期する。

次に，個別決算書に対して，HGB第325条2a項および2b項の創設をつうじて，IAS適用の可能性が開かれた点は特筆すべき事柄である。ただしその場合，IASの適用は情報目的に限定され，他方，配当や課税所得計算といった利益測定目的のためにHGB準拠の個別決算書は従来どおり保持される。この限り，個別決算書レベルでのIASの容認は限定的ともいえる。

ともあれ，BilReGが提起する新しい側面は，IASへの対応場面をもはや連結決算書レベルに局限しない点にある。ドイツ企業に最大限の弾力性（選択肢の拡大）を保証することを意図して，非資本市場指向的企業の連結決算書に加えて，個別決算書に対しても，情報目的に限定したIASの任意適用を認めるものである（図表3-4）。

図表3-4　BilReGによるIAS適用の可能性

	連結決算書 （HGB第315a条）	個別決算書 （HGB第325条2a・2b項）
資本市場指向的企業	IAS[注1]	HGB・IAS[注2]
その他の企業	HGBまたはIAS	HGB・IAS[注2]

注1) IAS適用命令による義務化（2年猶予の経過措置を含む）。
注2) HGB準拠の個別決算書の作成を要件に，情報目的に限定したIAS個別決算書の作成・公示が可能となる。なお，この措置の対象となるのは，HGB第267条3項にいう（連邦官報への公告義務を有する）大規模資本

第3節　BilReGによるEU指令の転換

　前述のとおり，BilReGの第1の特徴は，IAS適用命令への対応としてドイツ会計法のなかにIAS適用条項を組み込んだことである。ただし，BilReGの立法目的はそれにとどまるものではない。すなわち，BilReGはIAS適用命令への対応に加えて，「規模基準値修正指令」，「現代化指令」そして「公正価値指令」という3つのEU会計関連指令のドイツ国内法化を目指すものである（前掲の図表3-1を参照）。以下，必要な範囲で，BilReGによる3つのEU指令の転換内容を整理しておこう。

(1) 規模基準値修正指令の転換

　ユーロ表示による会社規模の区分基準値（規模基準値）は，EC第4号指令第53条2項にもとづき，域内の経済状況および為替相場の動向を考慮して，5年ごとに見直しが行われることになっている。2003年5月の規模基準値修正指令の発布は，その見直し時期の到来によるもので，加盟国に対して，規模基準値のおよそ17%の引き上げを要求している。

　BilReGはこのEUの指令を受けて，HGBにおける規模基準値の引き上げを実行する。改正されるHGB第267条および第293条においては，貸借対照表合計額，売上高そして従業員数に関する規模基準値が定められている。なお，今回の規模基準値の修正は，貸借対照表合計額と売上高にかかわるもので，従業員数に関する変更はない（改訂された規模基準値は，HGB施行法第58条にもとづき2004年度から適用される）。

① 第267条の修正

　まず，第267条に修正が加えられる。第267条は，資本会社を小規模，中規模そして大規模会社の3つに分類する基準を定めている。こうした規模別の分類は，HGBのさまざまな規定の免除および簡便化措置の適用にとり重要である。たとえば，小規模資本会社は，年度決算書の監査義務（HGB第316条1項）を免

除され，大規模資本会社に限り，年度決算書を連邦官報に公告する義務（HGB第325条2項）が生じる。今回，BilReGをつうじて，指令の要求どおりHGBにおける現行の規模基準値が約17％引き上げられる。その場合，HGBの規模基準値は，（加盟国選択権の利用のもとで）EU指令が定める基準額よりも約10％高く設定されている（図表3-5および図表3-6）[26]。

図表3-5　小規模資本会社に対する規模基準値（第267条1項）

基　準 （金額はユーロ）	現　行		今　後	
	EU指令	HGB	EU指令	HGB
貸借対照表合計額	3,125,000	3,438,000	3,650,000	4,015,000
売　上　高	6,250,000	6,875,000	7,300,000	8,030,000

図表3-6　中規模資本会社に対する規模基準値（第267条2項）

基　準 （金額はユーロ）	現　行		今　後	
	EU指令	HGB	EU指令	HGB
貸借対照表合計額	12,500,000	13,750,000	14,600,000	16,060,000
売　上　高	25,000,000	27,500,000	29,200,000	32,120,000

② 第293条の修正

また，HGB第293条にも修正が加えられる。第293条における規模基準値は，企業が連結決算書を作成すべきかどうかの判断基準となる。上述の第267条における規模基準値の引き上げに対応する形で，今回，BilReGをつうじて第293条1項における規模基準値がおよそ20％引き上げられる。総額法（1文1号）および純額法（1文2号）にもとづく新しい規模基準値は，図表3-7および図表3-8に示すとおりである[27]。

図表 3-7　総額法による規模基準値

基準（金額はユーロ）	現　行	今　後
貸借対照表合計額	16,500,000	19,272,000
売　上　高	33,000,000	38,544,000

図表 3-8　純額法による規模基準値

基準（金額はユーロ）	現　行	今　後
貸借対照表合計額	13,750,000	16,060,000
売　上　高	27,500,000	32,120,000

(2)　現代化指令の転換

　2003年6月の現代化指令の発布は，既存のEC第4号指令，第7号指令，銀行会計指令および保険会計指令の内容を国際的展開に合わせて現代化するための修正措置である。そして，この現代化指令による改正の影響は，域内のおよそ500万社の企業に及ぶとされている。

　なお，ここで留意すべきは，現代化指令は域内の会計の比較可能性および等価性の観点からEUの会計国際化を促進させる目標をもつものの，他方で，従来の加盟国選択権および企業選択権の基本的な保証をつうじて，加盟国に対して慎重な配慮を示しているという点である。したがって，現代化指令は，各国会計制度の抜本的変革（パラダイム転換）を短期間のうちに誘導するような画一的かつ強硬な立法措置とみなされるべきものではない。

　ただし，現代化指令は，幾つかの領域において強制規定による是正策を含んでいることも事実である。たとえば，状況報告書における記載内容の拡充，監査人の確認の付記（監査意見）の現代的統一化，資本市場指向的企業に対するより厳格な透明化要請がその主たるものである。

　このうち，とくに「状況報告書の記載内容の拡充」に注目すれば，現代化指令を受けてBilReGは，HGB第289条（および連結状況報告書に関する第315条）に

重要な修正を加える。その目的は，意思決定有用性の観点から，企業活動の経済的および社会的関連情報の記載を従来よりも拡大し，状況報告書の比較可能性を改善するところにある。

BilReGにより，HGB第289条は，以下の新1項および3項を含める形で改正される（第315条は，ほぼ同様の修正内容のため省略）。

HGB第289条1項

「(1) 状況報告書には，実質的諸関係に合致する写像が伝達されるように，営業成果を含む営業経過および資本会社の状況が表示されなければならない。それには，営業経過および会社の状況に関し，的確かつ包括的で，営業活動の範囲や複雑性に適合した分析が含まれなければならない。その分析には，営業活動にとって最も重要な財務的業績指標が組入れられ，かつ年度決算書で表示される金額と記載に関して説明が行われなければならない。さらに状況報告書には，資本会社にとり重要な法定代表者の目標および戦略が記述され，ならびに重要なチャンスとリスクを伴う予想される展開が評価され，説明され，その評価の基礎となる仮定が記載されなければならない。」[28]

同条3項

「(3) 大規模資本会社（第267条3項）の場合，1項3文に対応して，営業経過または状況の理解にとって重要である限り，環境および従業員関連情報のような非財務的業績指標が組入れられる。」[29]

このHGB第289条の改正は，現代化指令をつうじて修正が求められるEC第4号指令の条文（第46条）に対応させたものである。

第289条の1項は，資本会社の営業経過の表示に関して新たに「営業成果」を含めること，さらに会社の営業経過および状況の分析に有用な財務情報（利益の推移，利益の構成要素，流動性等），年度決算書上の金額と記載に関する説明，経営者の目標および戦略，また将来展開に伴うチャンスとリスクならびにその判断理由に関する記載を求めるものである。

また，新3項をつうじて，大規模資本会社に対して状況報告書における非財務情報の記載が要求される。ここにいう非財務情報とは，環境対応および従業員に関する事項のほかに，たとえば，顧客層，研究開発分野，スポンサー，さらに慈善事業への寄付等に関連する情報とされている[30]。

ともあれ，BilReGによる現代化指令への対応は，状況報告書に関する修正のような，指令が定める強制規定の転換だけを対象としている点に留意しておく必要がある。とくに公正価値指令と連携した形で，現代化指令は，公正価値（時価）評価の包括的な導入を指示しているが，こうした現代化指令に含まれる任意規定（選択権）への対応は，後続の「会計法現代化法」のなかで判断される予定である。

(3) 公正価値指令の転換

2001年9月の公正価値指令は，本来，2004年1月1日までにドイツ法に転換されるべきものである。ただし，BilReGにより公正価値評価の導入に関連して修正が加えられるのは，附属説明書および状況報告書に関する規定に限定される。公正価値指令のさらなる転換は，現代化指令の場合と同様，後続の立法（会計法現代化法）において実行される。

BilReGをつうじて，まず附属説明書に関し，その記載事項を定めるHGB第285条に修正が加えられる。重要な点は，1文に新18号および19号が追加されることである。

HGB第285条1文
「18. 金融派生商品の各分類に関して
 a) 金融商品の種類および範囲
 b) 3文から5文に従い信頼に足りる測定がなされる限り，用いられた評価方法ならびに場合により現存の簿価およびそれが付されている貸借対照表項目の記載のもとで，該当する金融商品の付すべき時価
19. 第253条2項3文にもとづく計画外減額記入を行わないことを前提に，金融資産（第266条2項）に属する，付すべき時価により表示される金融商品に関して
 a) 個別の財産対象物または適切なグルーピングの簿価および付すべき時価
 b) 価値減少が継続的でないことを示す根拠を含めて，第253条2項3文にもとづく減額記入を行わない理由」[31]

さらに，第285条の1文の後に，次の文が挿入される。

「1文18号の意味での金融派生商品には，双方の契約相手が現金または他の金融商

品で支払う資格を有する商品の取得または売却に関する契約もあてはまる。ただし，取得，売却または自己利用を見込んだ必要性を担保する目的が当初から現在までであり，かつ商品の引渡しをもって契約の履行とみなされる限り，当該目的のために契約が結ばれている場合は別である。1文18号b，19号の意味での付すべき時価には，ほかに信頼に足りる確認可能な金額がない限り市場価値が相当する。そうでない場合，付すべき時価は，もし可能なら金融商品の個々の構成要素の市場価値または同等の金融商品の市場価値から導出されなければならず，さもなければ，市場価値に適切に近似することが保証される限り，一般に認められた評価モデルおよび評価方法を用いて確定されなければならない。一般に認められた評価モデルおよび評価方法を用いる場合，付すべき時価の決定のつど依拠した主たる仮定が記載されなければならない。付すべき時価を確定することができない場合，その理由を記載しなければならない。」[32]

こうした第285条の修正をつうじて，公正価値指令に対応して，附属説明書における記載内容の拡充が図られる。

新18号ではとくに公正価値（ドイツ法上は「付すべき時価」と表現される）の決定のために用いられた評価方法の記載義務が追加され，新19号では，金融商品の公正価値評価に関する記載が求められる。さらに，新しく追加される2文以下は，市場価値が公正価値（付すべき時価）に相当すること，またその金額の確定方法に関連する記載を要求する内容になっている。

また他方で，状況報告書に関連して，第289条2項2号が次のように修正される。

HGB第289条2項2号
「2．a) ヘッジ取引の会計処理の枠内で把握される取引についての，あらゆる種類の重要なヘッジ方法を含む，会社のリスク管理の目標およびその方法，ならびに
b) 会社の金融商品の利用に関連してそのつど，また状況あるいは予想される展開の理解にとって重要である限り，会社が被る価格変動リスク，減損リスク，流動性リスクならびに資金流動変動によるリスク。」[33]

この新2項2号をつうじて，状況報告書におけるリスク関連情報への言及が明確に指示される。すなわち，会社のリスク管理の目標と方法に加えて，金融商品に関連する価格変動，流動性，キャッシュ・フロー・リスクを含む，将来

的なリスク情報の記載が状況報告書において追加的に求められる。新２号a)では，公正価値指令の転換を受けて，ヘッジ取引に関連する報告が求められる。また２号b)においては，「キャッシュ・フロー・リスク」を意味するドイツ語の相当表現として，「資金流動変動によるリスク」という概念が意識的に用いられている[34]。

ところで，EUの公正価値指令は，連結決算書における金融商品の公正価値評価を許容するものであるが（同指令第42a条１項），BilReG政府草案の理由書によれば，これは，従来からHGB第292a条で対応可能とされてきた。したがって，(EU委員会の見解に依拠して)公正価値指令を内容的にカバーするIAS第39号もまた連結決算書に適用可能であるという。BilReGをつうじて第292a条は削除されるものの，後継の新第315a条の創設をもって，この状況は維持される[35]。

おわりに

以上，本章ではBilReGを分析の対象にして，EUの会計指令・命令への対応に伴うドイツ会計制度改革のあり方について考察した。その分析結果は，次のようにまとめることができよう。

第１に，BilReGの重要な特徴は，IAS適用命令を受けてドイツ会計法のなかにIAS適用条項を組み込んだことである。目下，EUの会計国際化はIASへの収れん傾向を示しているが，それに向けてBilReGは，連邦政府の「措置一覧（10項目プログラム）」に依拠する形でIAS導入の措置を講じるものである。まずは連結決算書に関して，HGB第315a条の新設をつうじてIASへの準拠を可能にする。その際，有価証券取引の認可申請段階の企業まで含めて，資本市場指向的企業に対するIASの強制適用を明確化し，他方では，経過措置を設けて特定の企業群（US-GAAP準拠企業および負債証券のみの発行企業）に対してIASへの準拠を2007年まで猶予する。

次に，個別決算書レベルに関して，とくにIAS準拠の個別決算書の作成を認めるオプション（企業選択権）の導入が注目される（HGB第325条2a項および2b項）。ただし，個別決算書に対するIASの適用は情報目的に限定した形で容認

し，他方，配当や課税所得計算といった利益測定目的に関しHGB準拠の個別決算書の作成を従来どおり要求する。この限り，個別決算書に対するIAS適用は，情報提供と利益測定という会計の機能分化を意識したうえでの限定的な容認といえよう。

第2に，BilReGの立法目的は，IAS適用命令への対応に加えて，3つのEU会計関連指令（規模基準値修正指令，現代化指令，公正価値指令）をドイツ法に転換するところにある。まず規模基準値修正指令への対応として，HGB第267条および第293条における規模基準値を指令の要求にあわせて上方修正する。さらに，現代化指令への対応に関して，HGB第289条の改正をつうじて，状況報告書の記載内容の拡充を目指す点が注目される。この改正の目的は，企業活動の経済的・社会的関連情報の記載の充実をつうじて，とくに意思決定有用性の観点から，状況報告書の比較可能性を改善するところにある。そして公正価値指令への対応として，附属説明書に関し，金融商品に対する「公正価値（付すべき時価）」の評価関連情報の記載（HGB第285条），また状況報告書に関し，リスク関連情報の報告の拡充（第289条2項）を図る内容になっている。

このように，BilReGは，ドイツの会計国際化対応を新たなステージへと誘導する役割を担うものである。とくに，IASの適用をもはや連結決算書レベルに局限することなく，HGBにおいてIAS個別決算書の許容を明文化したという点で，BilReGはドイツ会計制度の従来の枠組みを一歩踏み出すものといえよう。情報目的に特化したIAS個別決算書の作成が制度上可能となったいま，多くの企業にとり，IAS個別決算書とHGB個別決算書を同時に作成する，いわゆる「パラレル（並行的）決算」への対応が新たな課題として浮上することが考えられる。

したがって，今後のドイツ会計の焦点は，2005年以降を見据えたさらなる会計立法も含めて，IAS, EU法（命令，指令）それにドイツ法（HGB）の重層的な枠組みを前提に，IAS指向の情報提供機能とHGB指向の利益測定機能の両側面をどう整合させて，新しい秩序を構築していくかである。その意味で，ドイツ会計制度改革の今後の行方が注目される。

注

(1) これら3つのEU指令の正式名称は，次のとおりである。
  ① 公正価値指令：「特定の法形態の会社，銀行およびその他の金融機関の年度決算書ないし連結決算書に許容される価値評価に関する第4号指令，第7号指令，銀行会計指令の修正のための2001年9月27日付のEU議会および理事会の指令」
  ② 規模基準値修正指令：「ユーロに換算された金額に関する特定の法形態の会社の年度決算書に関する第4号指令の修正のための2003年5月13日付のEU議会および理事会の指令」
  ③ 現代化指令：「特定の法形態の会社，銀行およびその他の金融機関ならびに保険企業の年度決算書および連結決算書に関する第4号指令，第7号指令，銀行会計指令，保険会計指令の修正のための2003年6月18日付のEU議会および理事会の指令」
(2) 正式名称は，「国際的会計基準の適用に関する2002年7月19日付のEU議会および理事会の命令」である。このIAS適用命令を受けて，2003年から2004年にかけてEU委員会による2つの命令（No. 1725/2003およびNo. 707/2004）が公表され，一部の例外を除いて大部分のIASがEU域内で適用可能と認められるに至った（いわゆる，エンドースメント手続き）。
(3) 2005年とはドイツの場合，「国際的に認められた会計原則」準拠の連結決算書免責条項（HGB第292a条）の失効期限を意味している。
(4) なお，連邦政府が提案する会計および監査制度の改革案のうち残りのものは，「会計法現代化法（Bilanzrechtsmodernisierungsgesetz）」と称される後続の立法をつうじて具体化される。
(5) 資本調達容易化法（KapAEG）を起点とするドイツの会計国際化対応の特徴については，稲見亨［2004a］，第2章以下を参照されたい。
(6) Kahle, H. [2003], S. 262.
(7) BMJ/BMF [2003], S. 6-7. 連邦政府の「措置一覧（10項目プログラム）」によれば，IAS適用命令の経過措置を活用して，US-GAAP準拠のドイツ企業に対してIASへの移行を2年間，すなわち2007年まで猶予すること，また資本市場を利用しない巨大企業の連結決算書に対して，IAS適用の義務化を検討することが提案されている。
(8) Ebenda, S. 7. さらに，HGBの個別規定の修正に関して，連結決算書および個別決算書上の多くの選択権の撤廃（たとえば，費用性引当金の計上義務化および簡便的な評価法の限定）が提案されている。また，国際化対応のためのさらなる改革として，具体的に，金融商品に対する公正価値評価の導入，資産項目および引当金に対する新たな計上・評価方法の検討が提案されている。
(9) BilReGは，次の10条からなる条項法の形式をとっている。
  第1条　HGBの修正
  第2条　HGB施行法の修正
  第3条　開示法の修正
  第4条　株式法の修正
  第5条　株式法施行法の修正

第6条　有限会社法の修正
第7条　協同組合および経済組合に関する法律の修正
第8条　その他の連邦法の修正
第9条　統一的命令順序の回復
第10条　施行

(10)　BilReG［2004a］, S. 43-44. 理由書によると，この判断については，資本市場指向的企業の連結決算書の完全なる比較可能性に関して，一定の制限が加わることを前提としている。なお，経過措置を利用できるUS-GAAP準拠企業とは，ドイツの場合，たとえばDaimler ChryslerやDeutsche Bankであり，また負債証券の発行企業には，主として貯蓄金庫（Sparkasse）および協同組合銀行（Genossenschaftsbank）が相当するという。

(11)　このHGB第315a条は，従来の法務省案（2003年12月15日付）では，以下に示す内容であった（稲見亨［2004b］, 69頁）。ただし，政府草案における修正は，内容上の大きな変更を伴うものではない。むしろ，条文の形式面での修正にとどまるものといえる。

HGB第315a条（法務省案）

「(1) そのつど通用している国際的会計基準の適用に関する2002年7月19日付のEU議会および理事会の命令（1606/2002）の第4条が適用されない親企業は，その連結決算書を命令（1606/2002）の第2条，第3条そして第6条にもとづき承認された国際的会計基準に従って作成することが認められる。当該選択権を行使する企業は，1文に掲げられた基準に完全に準拠しなければならない。

(2) 命令（1606/2002）の第4条に掲げられた親企業と異なる親企業は，そのつど貸借対照表基準日までに，有価証券取引法第2条5項の意味での組織化された市場での取引のために有価証券取引法第2条1項1文の意味での有価証券の認可申請を行った場合，1項1文に指示された国際的会計基準にもとづき連結決算書を作成しなければならない。

(3) 親企業で，次に該当するものに対しては，
　1．第1款の規定にもとづき連結決算書を作成する義務があり，かつ
　2．その場合，1項1文に指示された国際的会計基準を適用する
第2款から第8款までの規定のうち，第244条および第245条との関連においてのみ第294条3項，第298条1項，さらに第313条2項および4項ならびに第314条1項4号，6号，8号および9号が適用される。第315条2項2号の例外を伴う第9款の規定，ならびに連結決算書および連結状況報告書に関連する本節以外の規定が適用されなければならない。」

(12)　BilReG［2004b］, S. 3169.
(13)　BilReG［2004a］, S. 69-70.
(14)　Ebenda, S. 70-74.
(15)　BilReG［2004b］, S. 3177.
(16)　BilReG［2004a］, S. 115-116.

(17) BilReG［2004b］, S. 3175-3176.
(18) BilReG［2004a］, S. 110-111.
(19) Ebenda, S. 65-66.
(20) BilReG［2004b］, S. 3172-3173. なお，これに関連して「第325条2a項にもとづく個別決算書への適用」と題するHGB第324a条が，次のような内容で新設される。
HGB第324a条
「(1) 年度決算書に関連する本節の規定は，第325条2a項にもとづく個別決算書にも準用されなければならない。第316条1項2文のかわりに，第316条2項2文が適用される。
(2) 第325条2a項にもとづく個別決算書の決算書監査人として，年度決算書の監査を担当する監査人が依頼されたものとみなされる。第325条2a項にもとづく個別決算書に対する監査報告書は，年度決算書に対する監査報告書と統合することができる。」
　理由書の説明によれば，このHGB第324a条は，1項1文により，年度決算書に対する監査規定の有効性を第325条2a項に従い任意に公示されるIAS個別決算書にまで拡大する。2文は，IAS個別決算書が情報目的に役立つものにすぎず，会社法上の資本維持および配当測定の面で意味をもたないことを明確にするものである。したがってIAS個別決算書は，株式法上，株主総会での決議ではなく，監査役会の同意を得るものとされる。2項は，年度決算書の監査人の任命が，場合によりIAS個別決算書の監査の任命を意味することを定めている。IAS個別決算書とHGB個別決算書に統一的な監査をあてることが理に適うため，2つの決算書に対する監査報告書（HGB第321条）は統合可能である（2項2文）。
(21) BilReG［2004a］, S. 44-46.
(22) Ebenda, S. 98.
(23) Wendlandt/Knorr［2004］, S. 46. なお，とくに配当および課税所得の計算に関しては，BilReG政府草案の理由書において次のような見解が示されている（BilReG［2004a］, S. 46-47.）。
―会社法の領域については，配当に「ソルベンシー・テスト」を結びつけるという考え方がある。これは，企業が一定額を配当する際に，まだ支払義務を履行できる状態にあるかどうかに焦点をあてるものである。しかし，この「ソルベンシー・テスト」に関して十分なそして有効な方法はまだ確立していない。したがって，ドイツ資本会社法の基礎となる債権者保護目的に関して，資本維持原則を切り離すことは責任がもてない。加えて，EUレベルの現行の法状況とも一致しないであろう。すなわち，第2号指令は，株式会社に対して資本維持原則を定めており，これに年度決算書が結びつけられている。
―独自の税務会計法の創設による税務貸借対照表と商事貸借対照表の切り離しは，目下のところ必要ではない。これは，突然の体制変更であり，法律への準拠要請をつうじて企業に著しい負担が生じる。税務貸借対照表に加えて，もう1つの特別な，監査義務に服する会社法上の配当測定計算が加わるという点で，独自の税務会計法の創設がコストの面で本当に望ましいものかどうかは疑問の余地がある。
(24) BilReG［2004a］, S. 98-99. なお，第325条2a項にいう連邦官報への公告義務の免除

要件に関し，理由書では次のようにまとめられている。

第325条2b項1号により，2a項の適用に際し，年度決算書に対する監査人の確認の付記のかわりに，IAS個別決算書に対する確認の付記が公示されなければならない。2号が要求する商法上の年度利益およびその処分に関する記載には，配当の観点から，企業状態の評価に関して重要な意義がある。したがって，当該記載は連邦官報への公告義務の対象となる。

(25) BilReGにおいては，HGBにおけるIAS適用条項の創設に連携して，上述の開示法（第11条6項）以外に，株式法（第171条），有限会社法（第42a条，第46条）の修正が指示される。
(26) BilReG [2004b], S. 3166., Meyer, C. [2004], S. 971.
(27) Ebenda, S. 3168.
(28) Ebenda, S. 3167.
(29) Ebenda, S. 3168.
(30) BilReG [2004a], S. 63-64.
(31)(32)(33) BilReG [2004b], S. 3167.
(34) BilReG [2004a], S. 63.
(35) Ebenda, S. 49.

参 考 文 献

Europäische Union [2002], Verordnung (EG) Nr. 1606/2002 des Europäischen Parlaments und des Rates vom 19. 07. 2002 betreffend die Anwendung internationaler Rechnungslegungsstandards, ABl L 243 vom 11. 09. 2002, S. 1-4. (http://www.europa.eu.int/comm/internal_market)

Europäische Union [2003], Verordnung (EG) Nr. 1725/2003 der Kommission vom 29. 09. 2003 betreffend die Übernahme bestimmter internationaler Rechnungslegungsstandards in Übereinstimmung mit der Verordnung (EG) Nr. 1606/2002 des Europäischen Parlaments und des Rates, ABl L 261 vom 13. 10. 2003, S. 1-420. (http://www.europa.eu.int/comm/internal_market)

BMJ/BMF [2003], Mitteilung für die Presse : Bundesregierung stärkt Anlegerschutz und Unternehmensintegrität vom 25. 02. 2003, S. 1-13. (http://www.bmj.bund.de)

Kahle, H. [2003], Zur Zukunft der Rechnungslegung in Deutschland : IAS im Einzel- und Konzernabschluss ?, in : WPg 6, S. 262-275.

BilKoG [2003], Referentenentwurf eines Gesetzes zur Kontrolle von Unternehmensabschlüssen : Bilanzkontrollgesetz, vom 08. 12. 2003, S. 1-42. (http://www.bmj.bund.de)

BilKoG [2004], Gesetzesbeschluss des Deutschen Bundestages eines Bilanzkontrollgesetzes, Bundesrat Drucksache 851/04 vom 05. 11. 2004. (http://www1.bundesrat.de)

BilReG [2003], Referentenentwurf eines Gesetzes zur Einführung internationaler Rechnungslegungsstandards und zur Sicherung der Qualität der Abschlussprüfung :

Bilanzrechtsreformgesetz vom 15. 12. 2003, S. 1-44. und Begründung, S. 1-91. (http://www.bmj.bund.de)

BilReG [2004a], Regierungsentwurf eines Bilanzrechtsreformgesetzes vom 21. 04. 2004, S. 1-128. (http://www.bmj.bund.de)

BilReG [2004b], Bilanzrechtsreformgesetz vom 04. 12. 2004, BGBl Teil Ⅰ, S. 3166-3182.

Wendlandt/Knorr [2004], Der Referentenentwurf des "Bilanzrechtsreformgesetzes", in: KoR 2, S. 45-50.

DRSC [2004], Stellungnahme des DSR zum Referentenentwurf eines Bilanzrechtsreformgesetzes vom 22. 01. 2004, S. 1-14. (http://www.drsc.de)

BMJ [2004], Mitteilung für die Presse : Bilanzrechtsreform und Bilanzkontrolle stärken Unternehmensintegrität und Anlegerschutz vom 21. 04. 2004, S. 1-4. (http://www.bmj.bund.de)

Meyer, C. [2004], Der Regierungsentwurf des Bilanzrechtsreformgesetzes (BilReG): Wichtige Neuerungen in der externen Rechnungslegung, in : DStR 23, S. 971-974.

稲見亨 [2004a]『ドイツ会計国際化論』森山書店。

稲見亨 [2004b]「国際会計基準（IAS）への2005年対応に向けたドイツの会計制度改革」『西南学院大学商学論集』第51巻第1号，2004年7月，61-81頁。

(稲見　亨)

第4章
「正規の簿記の諸原則」二元化論

はじめに

　ドイツ商法会計法はいま，かつてないパラダイム転換を迫られている。その契機はすでに，85年商法典（HGB）第264条2項に，"true and fair view"原則が，GoBとともに年度決算書作成の一般条項として掲げられたことにあった。GoBの二元的解釈とそこからの新しい規範システム論は，この一般条項の解釈論議のなかに胚胎したが，その流れは会計国際化への対応をつうじていっそう顕著になった。具体的には，1998年制定の2つの法律，すなわち「資本調達容易化法」と「企業領域統制・透明化法」がそれである。その結果の，HGB第292a条による，いわゆる"免責条項"と，第342条準拠のドイツ会計基準委員会（DRSC）の設置が，企業決算書の国際的比較可能性と等価性の確保を名分とした，情報機能拡充にシフトした規準形成を促したからである。前者は，連結決算書に限定したとはいえ，「国際的に認められた会計基準」（IASもしくはUS-GAAP）準拠の計算書類をドイツ商法上，免責的に認めるとしたものであり，後者は，今後，IASBと連携しつつ，会計基準の開発と連邦法務省に対する立法助言権限を行使しうる基準設定機関の存在と活動である。端的には，これによって二元的会計規範の形成を加速させ，その文脈での基準設定を可能にする制度的枠組み・DRSCを創出せしめたということである。

　事実，近年活発化したIASとの統合をめざす一連の「EU会計指令の現代化」を受け，その国内法への転換プロセスをつうじて，ドイツは，資本市場指向・

情報機能拡充型の連結決算書レジームへのシフトを加速させ，他方での伝統的な債権者保護・利益測定機能重視の個別決算書レジームとの二元的会計規準のアンビバレントな形成の道を歩んでいる。本章の論点であるGoBの二元化論も，これを支える会計規範の再構築にむけた理論レベルでの対応ではあるが，論者の間ではいま，ドイツ保守主義会計の「牙城 Hort」[1] とすらいわれるGoBの，かつてないゆらぎに対する関心と危機意識が広がっている。

第1節　バイセの二元的規範システム論

(1) 二元的規範システムの形成

85年HGB第264条2項の解釈をめぐる会計規範論の端緒は，法実務家 H. バイセ（Heinrich Beisse）によって開かれたとみることができる。

バイセは，1994年論文（「新しい会計法システム像によせて」）において，HGB第264条2項におかれた年度決算書作成の一般条項を捉えて，これを測定規範と情報規範からなる二元的規範システムとして立論した。バイセによれば，前者（測定規範）は，HGB第243条1項の一般規範の意味でのGoBをもって，また後者（情報規範）は，EC第4号指令の第2条3項の規定＊をへて，「実質的諸関係に合致する写像」の伝達要請として転換された"true and fair view"をもって，それぞれの主導原則とした[2]。

＊第2条3項：「年度決算書は，会社の財産，財務および収益状態の実質的諸関係に合致する写像を伝達しなければならない。」

情報規範としての"true and fair view"原則は，その経過からしてEC指令の国内法への転換の，いわば核心部分であり，HGBにとっては，新しく開かれた"処女地"（W. D. ブッデ）ですらあるが，そのもつ意味からすれば，一般規範としてのGoBとともに，いまやドイツ商法会計法の中に形成された規範システムの新たな構成部分である。

この場合，測定規範は，ドイツに伝統的な債権者保護を最上位の原則として，一般規範たるGoBが，基準性原則をつうじて税務貸借対照表と結びつき，

そこでの配分可能利益の算定秩序として機能しており，他方，情報規範は，"true and fair view"がHGB第243条2項の明瞭性および概観性原則とともに，国際資本市場・連結決算書と結びつく投資家保護・意思決定有用情報の提供を規律する，新しい規範領域を形成したものとみる。

バイセはこれを，円環状・5層構造からなる規範システムとして示した[3]（図表4-1）。

図表4-1 バイセの会計規範システム

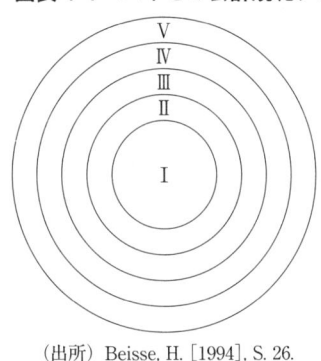

Ⅰ GoB—強制的規範
Ⅱ GoB—選択権
Ⅲ システム外の規範
Ⅳ 情報規範〔個別決算書〕
Ⅴ 情報規範〔連結決算書〕

（出所）Beisse, H. [1994], S. 26.

バイセはまず，第Ⅰ～Ⅲゾーンを，GoBを基軸とした，個別決算書に関わる測定規範領域とし，第Ⅳ～Ⅴゾーンを，"true and fair view"を基軸とした，個別決算書と連結決算書に関わる情報規範領域とした。その上で，第ⅠゾーンのGoBは，規範システム全体の核心部をなし，商事貸借対照表の基準性原則を支える強制的規範領域とされる。第Ⅰゾーンはまた，第Ⅱゾーンとともに債権者保護原則を具体化するGoBシステムを形成し，第ⅢゾーンのEC指令や動的思考に由来するプラグマティックな個別規範からなる，システム外の規範とあわせて，個別決算書を規律する測定規範の領域をなすとみる。これに対して，"true and fair view"を主導原則とする第Ⅳ～Ⅴゾーンは，第一義的には債権者保護原則や基準性原則から解除され，もっぱら意思決定有用の情報規範として働くが，うち第Ⅳゾーンは個別決算書に，第Ⅴゾーンは連結決算書に関わる規範領域をなすとみる。ここでは，個別決算書が測定規範の枠内でと同時に，

情報規範領域の中（第Ⅳゾーン）で位置を与えられ，さらに連結決算書が属する円環外層部（第Ⅴゾーン）の情報規範領域をもって，国際会計基準との摩擦を回避する緩衝帯とした[4]。注目すべきは，個別決算書が，2つの規範領域にまたがる算定秩序のもとで，測定機能とともに情報機能をもあわせもつ会計文書とされた点である。このことは，以後の会計規準形成の動向とともに留意される点である。

　バイセは，HGB第264条2項への"true and fair view"原則の導入によって，ドイツ商法会計法の中に，新しい規範領域（情報規範）が形成されたとみるが，規範システムの核心部はいぜんとして，ドイツに伝統的な債権者保護，基準性原則と固く結びついたGoBであるとした。それは，ドイツの立法者が，EC指令の転換原則とした税務中立性・基準性原則に就縛した測定規範を，商法会計法の優先的な秩序原則として堅持し，その上で"true and fair view"原則を基軸とする情報規範の外層部での，とりわけ連結決算書をもって，国際会計基準との接点としたことによる。バイセはここから，円環・5層構造からなる新しい会計規範システムをもって，「アングロ・アメリカ的国際会計基準に対する，可能な妥協と防御線」[5]の構築を論理づけたのである。いうまでもなく，《妥協》は，EC指令の一般規範・"true and fair view"原則をHGB第264条2項に取り込むことによって，ドイツ商法会計法に「情報」機能を規律する新しい規範領域を形成せしめたことであり，もう一方の《防御線》は，GoBをもってドイツに伝統的な個性・債権者保護，基準性原則を支える規範システムの「牙城」を堅持した点である。

　バイセの立論のベクトルは，HGB第264条2項の解釈をつうじて，GoBを規範システムの核心部としつつ，"true and fair view"を情報規範領域の主導原則とする二元的規範システム論をもって，会計国際化への二元的対応を図った点にある。

(2)　二元的規範システムの展開

　バイセはまた，会計国際化の急速な高まりを前に，1999年論文（「会計規定お

よび基準の規範性と規範構造」）において，ドイツ保守主義会計の「牙城」・GoBの規範性と規範構造の再吟味をつうじて，新たな規範システム論の展開を試みた。

　バイセはまず，第292a条の免責条項を契機として，上場企業を中心に，近年，ますます国際会計基準（IAS, IFRS）へのシフトを強めるなかで，100年以上にわたってGoB一般規範の支配に委ねてきたドイツ商法会計が，国際比較において一定の後進性を露わにしつつあるとし，いまや「会計実務からの要請は，ドイツ会計を国際水準にまで高めることにある」[6]とする声にどう応えることができるかを問う。また，逆基準性や課税の公平性をめぐる，商事貸借対照表と税務貸借対照表との制度上の軋轢から，85年HGB以降もなお保持されてきた基準性原則が，深刻な危機に陥っているとみる。

　バイセの危機感は，"true and fair view"を限定して，「正規の簿記の諸原則を遵守して」とするHGB第264条2項での定式化にもかかわらず，ドイツ会計法本来の規範性，とりわけGoBの規範力の減退に向けられる。それはさらに，EU会計指令やDRSCの開発する会計基準が，今後，その規範力においてGoBを補完するのか，それともそれに取って代わるのか[7]，といった疑問へと広がるのである。

　ついでバイセは，改めてドイツ商法会計における測定規範と情報規範に言及し，前者は，課税所得の算定にみられるように，会社法上の請求権と義務に関わる配分可能利益の測定の基礎であり，その第一義的な任務は，企業財産の維持に関わる債権者の利害を損なうことなしに，利益配分がなされること（慎重原則）であるという。この意味での債権者保護原則は，ドイツにおける伝統的商人文化（eine traditionelle kaufmännische Kultur）[8]ですらあるという。GoBは本来，債権者保護思考から導かれる慎重原則を最上位の原則とし，その他の諸原則と一連の追加的・付随的な個別規範によるシステムからなっている。

　これに対して，後者は，企業の財産・財務および収益状態の真実かつ公正な概観としての，会計の公正な表示を意図しており，企業決算書に関心をもつ多様で広範なステイクホルダーに対する，未来志向的な意思決定有用情報の提供

にあるとみる。ここでは，慎重原則は後退する。しかも情報規範は，法的には，企業活動の将来の展開にともなうリスク情報の開示に係る，附属説明書や状況報告書に関する諸規定とともに，連結会計法のすべての規定に基礎づけられているという(9)。

そもそも会計規範の主要部分は，85年HGB以来，EU会計指令法上の転換義務にしたがって法律規定に盛り込まれている。とはいえ，HGBの立法者は，第4号指令の"true and fair view"を最優先の原則として第264条に転換せず，GoBの遵守による限定と附属説明書を含む年度決算書による，条件つきでの概観要請を充たしたのである。一般に，規定の文言としては，"遵守Beachtung"は"適用Anwendung"より弱く，したがって，年度決算書および連結決算書での概観要請（第264条と第297条）におけるGoBの遵守は，この限りで第243条1項のGoB一般規範は緩和され，"true and fair view"原則に対して限定的に作用する概念として適用されたと解される。"true and fair view"の概観要請に関していえば，ドイツの立法者は明らかに，アングロ・サクソンの会社法に由来するこの優先原則を，ドイツにおける法源論と同じ厳密さをもって受け入れなかった。しかし，結果的には，EU指令にしたがって，第264条2項において，GoBに限定された概観要請として受け入れるべく配慮したという。だが，第264条2項の"true and fair view"は，資本会社とコンツェルンにのみ適用される，GoBによって限定された概観要請であって，最上位の原則でないことはもちろん，すべての商人に当てはまらないという意味でもGoBではないという(10)。また，立法者によるEU指令の遵守性は，たとえば，免責される連結決算書は連結状況報告書とともに，第7号指令等と一致しているときにのみ，これを国際的に認められた会計基準にしたがった決算文書として提出できるとした規定にも如実である（HGB第292a条2項2号b））。

さて，バイセによれば，第7号指令は情報規範のみから成っているが，基幹的指令たる第4号指令は，測定規範と情報規範とが混在しているという。ともあれ，両指令が個別決算書と連結決算書における情報機能を重視しているという事実は，"true and fair view"をもって優先原則としていることからも明ら

かである。しかし，会計法システムそのものが，それとは違う組み立てになっているドイツの場合，会計規範の構成として，指令と同じあり方はとりえなかったという。立法者は，指令の転換に当って，国内法の基本構造をなんら変える必要はないと考えたのである[11]。

バイセは，HGB第292a条の免責条項に関説して，同条2項2号a)の意味での国際的基準は，IASCもしくはSECによって認められ，かつ適用を義務づけられている基準をさすが，これがドイツ企業の連結決算書に適用されたことをもって，そのままドイツの規範とも，ましてドイツ法に転換されたいうことでもないという。それは，免責された計算書類の公示にあたっては，これを「ドイツ法によらずに作成した連結決算書および連結状況報告書を対象としている」旨を明示的に指摘すべきこと（第292a条1項2文），としていることでも明らかである[12]。かりに，連邦法務省が法規命令により，同条3項にしたがって，その適用がHGBにもとづく連結決算書と等価性を与える会計原則とみなしたとしても，国際的基準としての適格性になんら変るところはない。ここでは，等価性の確認だけが問題であって，ドイツ法そのものは問題にならないのである。まして，ドイツ連結会計法の諸原則から，免責決算書の作成に際して依るべき国際的基準が，連結企業の個別決算書に対しても法的有意性をもつであろうと結論づけることはできない。立法者は，連結企業の個別決算書を連結決算書から切り離してみており，その意味でも，連結決算書はけっして個別決算書の総括ではなく，あくまで情報目的にのみ役立つひとつの会計手段とみたのである。

とはいえ，GoBの規範力をめぐるゆらぎは，たとえばHGB第342条2項の規定との関係のなかでも起っているという。それは，第342条1項準拠の会計基準委員会が開発し，連邦法務省によって公示された連結会計原則の勧告が遵守された場合，そこから連結会計に関わるGoBの遵守が"推定されるvermutet wird"*とした文言にある。

　＊第342条2項：「連邦法務省により公示された，1項1号にもとづいて認められた機関の勧告が遵守された場合，連結会計に関わる正規の簿記の諸原則が遵守されたものと推定さ

れる。」

　そもそも，そのような"GoB"があるのか，ということである[13]。HGB第243条に明示されている一般規範としてのGoBは，"すべての商人に対して"適用される会計規範であり，しかも所得税法第5条1項の基準性原則をつうじて，税務貸借対照表との架け橋でもある。立法者が意図した，すべての商人に適用される会計規範のみがGoBとなる，という意味関係からすれば，連結会計にのみ適用される規準はGoBではない，というのである。連結決算書については，すでにHGB第297条2項において，GoBをもって遵守すべき会計規範と定めている。バイセにあっては，第243条の一般規範は，法典化されたGoBとともに，不文のGoBをも含んだものであり，それは商人的慎重原則が刻印された，一定の会計文化の表現としての法規範であるという。

　加えて，HGB第342条2項の規定のもつ問題性は，そもそも会計規準が公法的性質をもつものであることから，私的な会計基準委員会・DRSCが開発した基準はあくまで私的なものであって，法規範とはなりえないところにある[14]。たしかに，第342条2項における勧告の「公示」は，連結会計に係るGoBの遵守の推定を根拠づける専門規範ではあるが，それによってGoBが法規範として強化されることにはならない。連邦法務省は，公示に先立ってまず，当の基準が現行法と，とりわけGoBと一致しているかどうかを検証する権利と義務を有しており，一致していないと認めたときは，公示を保留ないし拒絶しなければならないという。ここでは，基準設定機関の性格とその承認プロセスから，DRSの規範性を問題とし，これを限定的に捉えようとしたのである。

　バイセはさらに，HGB第342条について憲法上の検証を試みる。彼はまず，第342条を，憲法80条1項2文に定める法規命令の授権に違背しているとみる[15]。法規命令の授権は，議会の立法権限の一部を行政に委譲することによって，立法による硬直性を回避して，状況の変化への柔軟な対応を可能にするが，その場合，委任立法者（行政）に対する授権の内容，目的および範囲を定め，同時に規範設定のプログラムをもつことを要件とする。基準を法規範と同じように機能させるには，連邦法務省はDRSCと連携して，委任立法者のよう

に活動しなければならないが、そのためには憲法第80条1項2文に合致した授権要件を充たす必要がある。細部にわたる授権のないまま、会計規範の基準化の分野で連邦法務省が行う仕事は、結局、許容されない命令を公布するだけに終わることになる。

　バイセはつづいて、HGB第342条の合憲的解釈に言及して、次のようにいう。規定の合憲的解釈は、連邦憲法裁判所の一定した判決によって、憲法と合致した、その限度内で立法者がのぞむ最大限のものが選ばれなければならないという。DRSCは、現行法（第342条1項1号）の枠内で、「連結会計に関する諸原則の適用の勧告」を開発することを任務としているが、推定効果を当然その適用に結びつけて、測定規範にも関わらしめて問題にする限りで、それはGoBとして認められうるものでなければならない。だとすれば、推定規定としての「連結会計に関するGoBの遵守」におけるGoBの概念は、HGB第297条2項はもちろん、第264条2項とも、また一般規範の意味での第243条1項のGoBとも同じレベルのものでなければならない[16]。そこからバイセは、第342条の合憲的解釈も、ドイツの会計基準の規範性がそのレベルにおいて、法的にはあいまいな専門規範をこえて最大化されることであり、ドイツの基準設定者の活動の重要性も、"バーチャルGoBの開発 Entwicklung virtueller GoB"[17]の意味での最大化にあるとみるのである。

第2節　ベェトゲ連結会計論におけるGoB二元化論

(1)　連結決算書の目的体系

　J. ベェトゲ（Jörg Baetge）は、2000年、H. J. キルシュ、S. ティーレとともに『連結会計論』を著し、そこにおいて連結会計の一般規範について論述を展開した。ベェトゲにおけるGoBの発見方法は、法解釈学的方法として知られている[18]。GoBのこの獲得方法は、85年HGBにおいてGoBが重層的に成文化され、諸帳簿と年度決算書に関する個別規定が、一体的な規範システムとして形成されたことで、法規定の文言と語義、意味関係および形成史、さらには立法

資料や立法者の見解などを源泉とし，そこからのシステム論的な解釈をつうじて，内容の充填を行うとしたものである。

その場合，ベトゲのGoBシステム論は，まず年度決算書の主要目的を，受け手の相対的な利害調整においた上で，その達成にむけて，文書記録，会計報告責任，資本維持の3つの目的原則が円環状の相互作用関係を形づくり，それを支える個別の諸原則があたかもエッフェル塔のように，重層構造をなして互いに統合的な支持能力を発揮する原則体系のものとして描かれる。

周知のようにドイツは，1985年12月，EC第4号指令（個別決算書指令）とともに第7号指令（連結会計指令）を国内法に転換し，HGB第三編・第2章2節において，連結決算書および連結状況報告書に関する規定を掲げた（第290条～第315条）。連結決算書については，これまでも株式法や有限会社法において規定が置かれていたが，85年HGBによって，連結決算書の作成義務が著しく拡大し，連結決算書の言明能力と意義が明らかに増大した。

連結決算書の作成に関する一般規範を示した第297条2項2文の規定は次のようである。

「連結決算書は，正規の簿記の諸原則に準拠して，連結企業の財産，財務および収益状態の実質的諸関係に合致する写像を伝達しなければならない。」

その上で，特別の事情のため，その写像が実質的諸関係に合致しないときは，同3文に従い，附属説明書において追加的報告をしなければならない，とされている。この規定は，「連結……」とある箇所を除けば，資本会社の個別決算書に関する第264条2項1文と同じ文言である。

ベトゲによれば，ここでの「実質的諸関係に合致する写像」は，決して実像（Realbild）ではなく，あくまで法律上の写像規準，すなわちGoBと連結決算書作成の諸規定にもとづいて創りだされた「表象 Mal」[19]にすぎない。語感からすれば，それは一定のルール（作成規準）に従って「描かれたもの」といったところである。なぜなら，写像規準は，実際に起りうる取引事象の処理についてこと細かに規定できないので，そこにはさまざまな客観化や標準化，

あるいは裁量の余地，選択権が含まれており，したがって連結決算書の上で伝達される写像は，法律上標準化された表象規準に合致した，その意味で"描かれた gemalte"写像にすぎないからである。この"描かれた"写像が実質的諸関係を的確に表しているかどうかは，まずこの表象規準が実際の姿を再現しうるものになっているかどうか，またそこで許されている裁量の余地や選択権が，連結決算書の作成者たる「描き手」にどう適用され，行使されているかにかかっている。たしかに，ドイツ法では「特別法は一般法に優先する」という原則が生きているが，一般規範は個別規定の解釈にとっての基礎をなし，選択権の適用においても，裁量の余地を充たす場合の「守るべき基準点」であり，一般規範に合致して実質的諸関係の写像の伝達要請を充たす限りで，個別規定の適用が顧慮されなければならない。また個別規定が，一般規範に抵触する会計処理法を導いた場合，そこでの情報欠陥は，写像の伝達要請を充たすべく，附属説明書による追加的報告をもって補完されなければならない[20]。こうして，第297条2項2文での一般規範は，これらの制約的な諸要件の枠組みの中で，連結決算書目的に関わらしめて判断されるべきものとされる。

ベェトゲによれば，第297条2項2文におけるGoBの指示は，立法者の意図に照らせば，連結決算書作成上の規範としては，個別決算書の意味でのGoB（第264条2項1文）だけでなく，正規の連結処理の原則（Grundsätze ordnungsmäßiger Konsolidierung・GoKons）および補完諸原則を含む〈広義のGoB〉と解すべきものとされ，これを《正規の連結会計の諸原則》（Grundsätze ordnungsmäßiger Konzernrechnungslegung・GoK）と呼ぶとしている[21]。

ここにおいて，GoB概念が，HGB第243条1項（すべての商人）や，第264条2項1文（資本会社）での年度（個別）決算書に関する一般規範としての意味・〈狭義のGoB〉と，連結決算書に関するGoKとしての意味での〈広義のGoB〉とに，二元的に定義づけられたのである。ベェトゲのGoB二元化論として留意すべき点である。

GoKは，連結決算書の作成に関して適用される法律上の個別規定を具体化する一方，それがない場合には，これを補完する。しかし，GoKは法規定の上で

は，いずれにも定めのない不文の原則であり，したがって不確定の法概念であることから，その内容の充填と機能をどのような方法によって発見し，論理づけるのかである。すなわち，GoKが連結会計の規範として機能しうる体系的論理の構築が求められるのである。

ベェトゲの場合，GoKの内容の充填と獲得は，GoB論でのそれと同じ法解釈学的方法によってなされる。ベェトゲは，GoB論の場合と同様，連結決算書の目的を受け手相互の利害調整におき，その達成にむけた"文書記録および会計報告責任"，"情報に基づく資本維持"および"連結決算書に統合された個別決算書の欠陥の補完"の3つの目的原則の体系化をもって，GoKのシステム論的構築をはかったのである[22]。

そこでは，連結集団における被組入企業の個別決算書が，親企業に適用される計上・評価規準に適合して処理，作成されなければならないとする意味関係からすれば，連結決算書にはまず，文書記録義務があると解される。そして，あらゆる取引事象について，文書記録目的を充たす形でなされた記帳を基礎として，第297条2項2文が求める連結集団の財産，財務および収益状態の写像伝達としての会計報告責任が実現されるとみるのである。文書記録を基礎とする会計報告責任は，受託資本の使途を開示し，連結集団の経済状態に関する適切な洞察をうるべく，実質的諸関係の写像の伝達要請を充たす不可欠の原則であるとされる。

そして，ベェトゲのGoK論においてとくに注目すべき点は，2つ目の"情報に基づく資本維持"なる目的原則である。さきのGoBシステム論においても，たしかに資本維持が文書記録や会計報告責任とともに，受け手の利害調整にむけて相互に作用しあう年度決算書目的として措定されていた。この場合，資本維持は，ドイツ商法会計の伝統的な立法動機とされる債権者保護からの慎重原則が，実現原則や不均等原則などとして直接，利益算定プロセスに作用し，そこから配分可能利益の限定と抑制機能がはたらく形で達成される。一般に，利益の慎重な測定を要請する慎重原則によれば，たとえば各年度に発生原因があり，将来に予測される消極的成果貢献は，それが次の期間の費用となるはずの

ものであっても，不均等原則によって，当期の費用として先取り・見越し計上すべきこととなる。連結決算書の場合，それは第298条1項により，個別決算書における低評価規定が準用される関係の中で表れる。

同様に，第298条1項における準用規定の意味関係から，たとえば個別決算書に関する無償取得の無形固定資産の借方計上禁止や，偶発損失引当金の計上，さらには第252条1項4号の一般的評価原則における慎重原則や不均等原則などは，いずれも慎重な（資本維持的な）利益測定に導き，そこから連結決算書での資本維持目的の達成が具体化されるとみる。

要するに，連結決算書における資本維持原則の顧慮は，受け手に対して慎重に表示された財産，財務および収益状態によって，連結集団全体の存続がどう保証されているのか，またどこまで保証されているのかの情報を伝達することに他ならない。とりわけ，個々の被組入企業の利得源泉のいかんに関わる情報は，連結集団の存続の保証を推測しうる貴重な情報であるとみられる。連結集団の存続にとっては，配当や税を支払った上で，配当抑制をはかって資本維持を果たした，個々の連結集団企業の存続が前提となる。連結決算書の受け手の情報期待はまさにこの点にある。

こうしてベェトゲの場合，連結決算書に統合された，個別決算書における配分利益の限定と抑制などとしての資本維持の状況を，〈情報〉として受け手に伝達するところに固有の意味がおかれる。したがって，ここでの情報価値は，連結集団に組入れられた企業の，個別決算書に適用される規定の準用をつうじて，連結集団全体の資本維持が果されている状況を，受け手が連結決算書を通して確認しうるところにあるとするのである。

ベェトゲにおけるGoK論の特徴は，連結決算書の目的体系を構成する3つの原則のうち，とくに"情報に基づく資本維持"を軸に連結決算書を情報機能に限定し，これを強調したところにある。したがって，計算利益からの配当や税としての株主や国庫への配分は，固有の法人格をもたない連結集団によってではなく，あくまで法的に独立した個別企業によって担われるべきものとする。独立の法人格をもたず，したがって法律上の権利・義務をもたない連結集団

は，税・配当などとしての利益の配分主体としての当事者能力をもたないとみる。制度上，資本維持—慎重原則の作用を所与のこととした配分可能利益の算定は，そもそも連結決算書の目的の埒外のこととされたのである。この場合，連結決算書の作成に関するGoKは，測定領域としてのものではなく，もっぱら情報領域において機能する規範システムとして意味を与えられている。

このように，ベェトゲのGoK論は，上にみた情報機能，とりわけ"情報に基づく資本維持"を，連結決算書の具体的な処理・作成の個別原則を貫くキーワードとして，連結会計の規範システムの構築にむけて，論理的機能を発揮するところにある。ベェトゲがドイツ的商法会計レジームの生命線ともいうべき資本維持原則を，情報機能の論理をてこにGoK論の中に位置づけ，その体系化の基軸にすえた点は注目されなければならない。

(2) GoK論の構造と機能

GoKは，連結集団が，その経済的単一組織体としての像を，財産・財務および収益状態の写像として伝達する連結決算書の，処理・作成上の諸原則に関わる規範システムである。

すでにみたように，ベェトゲは，第297条2項2文におけるGoBの指示は，連結決算書を規律する一般規範としては，〈狭義のGoB〉とともに正規の連結処理の原則・GoKonsを含む「正規の連結会計の諸原則（GoK）」，すなわち〈広義のGoB〉としての意味で捉えるべきものとした。たしかに，第297条2項2文では，明示的にはGoB一般規範への指示があるだけで，GoKへの指示として法典化はもとより，法規定にもなんら表れていないが，連結決算書の実際の処理・作成過程からすれば，そこにはGoKへの立法者の周到な指示が含まれているとみるべきだという。とはいえ，GoKは法規定の上では，いずれにも定めのない不文の原則であり，したがって不確定概念である以上，その内容がいかに充填され，どう獲得されなければならないかが問題となる。

ベェトゲはここで，帰納法と演繹法，および法解釈学的方法の3つの獲得法の特徴を概観した上で，結局，現に連結会計に関する諸規定がHGBの上に具

体化されている以上，その解釈をつうじて内容を充填する方法，すなわち法解釈学的方法によることがもっとも適合的であるとみる。

法解釈学的方法では，GoKは次の諸基準を源泉として獲得される[23]。
—法規定の文言と語義
—法規定の意味関係
—法規定の形成史
—立法資料と立法者の見解
—経営経済的および客観的・目的論的観点
—合憲性

ベトゲによれば，法解釈学的方法は，法規範に関わる，法学において広く認められている，間主観的に検証可能な方法だという。この方法で獲得されたGoKシステムは，次ページの図表4-2[24]のようである。

GoKは，連結決算書の目的を受け手の利害調整におき，その達成に向けた"情報に基づく資本維持"など3つの目的体系と，それを支える形で，さらに3つの「一般的要請」(図表下段)の，継起的な結合関係から成るシステムであり，そこでの諸原則は連結決算書作成の過程をつうじて，各段階で順次適用される。連結決算書は次の3つの作業段階をへて作成される[25]。

第1段階：商事貸借対照表Ⅰ（HBⅠ）から商事貸借対照表Ⅱ（HBⅡ）の作成
第2段階：合算決算書の作成にむけたHBⅡの水平的加算
第3段階：連結処理，すなわち連結集団内の内部取引の相殺

第1段階のHBⅠは，連結企業に組入れられる子企業の個別決算書であるが，それは統一した決算日に，連結決算書に統一的に適用される計上，評価および表示規定と連結集団内部の会計方針にしたがって作成される。

HBⅠから「連結決算書の準備のための被組入企業の個別決算書」，すなわちHBⅡが作成される。ここでは，まず文書記録，資本維持などのGoBが適用されることを前提に，GoK・「HBⅡへの一般的要請」における計上，評価および表示，通貨ならびに決算日統一性の諸原則が適用される[26]。

上の「HBⅡへの一般的要請」における計上，評価の統一性の諸原則は，HGB第300条2項1文や第308条1項1文に従い，親企業の年度決算書に適用

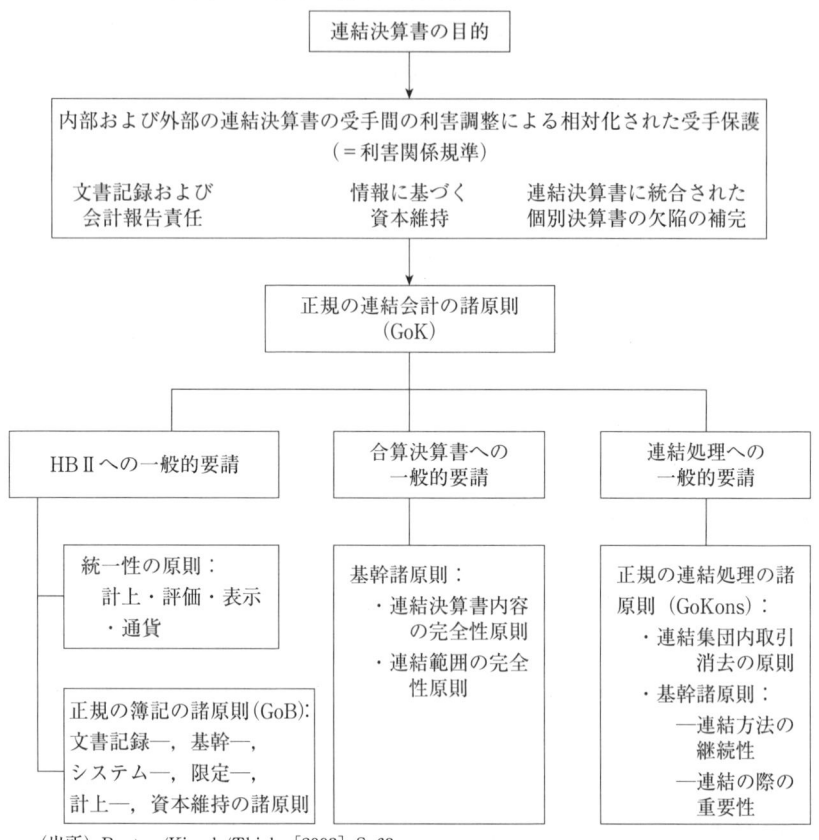

図表 4-2　連結決算書の目的体系とGoKシステム

```
┌─────────────────────┐
│    連結決算書の目的    │
└─────────────────────┘
           ↓
┌───────────────────────────────────────────────────┐
│ 内部および外部の連結決算書の受手間の利害調整による相対化された受手保護 │
│              （＝利害関係規準）                        │
│  文書記録および      情報に基づく      連結決算書に統合された    │
│  会計報告責任        資本維持          個別決算書の欠陥の補完    │
└───────────────────────────────────────────────────┘
           ↓
┌─────────────────────┐
│  正規の連結会計の諸原則  │
│       （GoK）         │
└─────────────────────┘
```

HBⅡへの一般的要請	合算決算書への一般的要請	連結処理への一般的要請
統一性の原則： 計上・評価・表示 ・通貨	基幹諸原則： ・連結決算書内容の完全性原則 ・連結範囲の完全性原則	正規の連結処理の諸原則（GoKons）： ・連結集団内取引消去の原則 ・基幹諸原則： 　―連結方法の継続性 　―連結の際の重要性
正規の簿記の諸原則(GoB)： 文書記録―，基幹―， システム―，限定―， 計上―，資本維持の諸原則		

（出所）Baetge/Kirsch/Thiele［2003］, S. 63.

される方法によらなければならず，表示の統一性は，第265条，第266条の準用により，大資本会社に適用される規定に従い，通貨は，第244条の準用でユーロによって統一的に表示されなければならない。

また同じ「HBⅡへの一般的要請」では，連結決算書に関わるGoBとして，文書記録以下，5つの諸原則がかかげられ，以下のように適用される[27]。

まず文書記録の原則は，取引事象が帳簿記帳により正確かつ明瞭に記録され，概観的かつ体系的に配列されるべきことを求めた，簿記の一般規範に具体化されている（第238条1項ほか）。文書記録原則は次の諸原則から成っている。

第4章 「正規の簿記の諸原則」二元化論　　*125*

　―簿記の組織的構成の原則
　―勘定の完全性確保の原則
　―完全かつ理解可能な記載の原則
　―文書証拠の原則
　―保存および備え置き期間遵守の原則
　―内部牽制組織による会計システムの正確性および秩序保持の原則
　―文書記録と内部牽制組織の保全の原則
　次の基幹諸原則は，企業の経済活動の実質的諸関係に合致する写像伝達の一般的条件の確定に関するものであるが，それは次のようである。
　―非恣意性や客観性原則を含む，簿記と年度決算書または連結決算書の正確性原則
　―明瞭性および概観性原則
　―完全性原則
　―経済性または重要性原則
　―形式的・実質的継続性と，非継続の場合の説明を含む比較可能性原則
　とくに形式的継続性の原則は，第252条1項1号や第265条1項の準用により，比較可能性の前提をなす貸借対照表同一性や項目分類および表示の継続性の顧慮を求めたものである。基幹諸原則は，あらゆる情報伝達の一般的条件として，合算決算書の作成においても，また連結処理においても顧慮されなければならないという。
　つづくシステム原則は，そこから統一的，目的適合的にGoBシステムを展開する上での，商法上に法典化された基幹的GoBである。それは次のような原則である。
　―企業活動継続の原則
　―収支計算の原則
　―個別評価の原則
　システム原則は，第三者にとって追跡可能な貸借対照表作成の形態と内容によって受け手の情報要求に応えうるものである。
　そして限定原則は，年度決算書における期間に応じた利益確定をもたらし，同時に収益状態に関する受け手への情報として役立つ。次のような原則がそれである。
　―実現主義およびその補完

―事由および期間に応じた限定

　その上で，計上原則にもとづき，支払いと結びついたいかなる取引が貸借対照表に借記され，また貸記されるべきかが決まる。それには次の原則が含まれる。

　―それ自体独立の換金可能性を前提とした財産の借記原則
　―義務の存在，計量可能性および経済的負担の基準を前提とした負債の貸記原則

　個別決算書におけると同様，連結決算書においても会計報告責任とならんで情報に基づく資本維持の目的が追求される。この場合の資本維持原則は次のものである。

　―不均等原則
　―慎重原則

　資本維持原則は，情報に基づく資本維持の意味では，連結集団が獲得し，かつ慎重に測定された利益や，時の経過にともなう自己資本の変動について連結決算書の受け手に情報を与えることを保証する。

　これらの「HBⅡへの一般的要請」を充たした上で，つづく第2段階では，HBⅡへの水平的加算，すなわち合算決算書が作成される。ここでは，GoK・「合算決算書への一般的要請」としての，連結決算書の内容および範囲の完全性原則が適用される[28]。

　そして第3段階では，GoK・「連結処理への一般的要請」を定式化したGoKons[29]によってまず，連結集団内部の取引関係が合算決算書から消去され，それに伴って第297条3項1文*での単一組織体原則の顧慮が確認される。

　　＊第297条3項1文：「連結決算書においては，被組入企業の財産，財務および収益状態は，連結企業全体があたかも単一の企業であるように表示されなければならない。」

　GoKonsは，連結決算書目的としての会計報告責任および情報に基づく資本維持が，被組入企業間の取引関係を顧慮して果たされなければならない，とする要請と結びついている。ここでも基幹的諸原則やHGB第297条2項1文での明瞭性および概観性原則，ならびに正確性，完全性などの諸原則が適用される。

　GoKonsにおける基幹的原則としては，連結処理方法の継続性によって，連

結決算書の比較可能性が確保される。それは第297条3項2文において，前年度の連結決算書に適用された連結処理方法の保持を求めた規定でも明らかである。継続性はまた，法典化されたGoBとしての第252条1項6号の準用による，評価方法の継続の要請によって保証される。評価の継続性に関わる選択権や裁量の余地も，時の経過をつうじて確保されることが基本であるが，例外の場合で離脱（第297条3項3文）したときは，第297条3項4文および5文により，附属説明書において記述され，理由づけられ，かつ連結集団の経済状態への影響額が記載されなければならない。しかも離脱に関する説明は，連結集団の経済状態が，決算書の受け手に追跡可能な形で行われなければならない。

基幹的原則のもう1つの重要性は，情報の重要性の考量を求める原則であるが，法規定の上でいずれにも，包括的にしろ明文化されていない。それは，連結処理に関するさまざまな個別規定の中で，黙示的に顧慮されるべきものであるが，つまりは実質的諸関係に合致した経済状態の写像の伝達にとって，その適用がさほど重要でないときは，裁量によって適用を要しないとするものである。重要性の顧慮は次の場合に行われる。

―債権債務連結での第303条2項[*]
　　（*除去されるべき金額が実質的諸関係の写像の伝達にとって重要性が乏しい場合）
―内部利益の消去での第304条3項[*]
　　（*組入企業間での内部利益の処理が写像の伝達にとって重要性が乏しい場合）
―費用収益連結での第305条2項[*]
　　（*除去されるべき金額が写像の伝達にとって重要性が乏しい場合）

これらの選択権を行使した場合，法律は，そのことが経済状態の写像にとって，全体として重要ではなく，したがってとくに説明を要しないとの判断から，附属説明書での記載および説明義務を課していない。

上にみたように，連結決算書における連結処理法の基本的要件は，連結集団内取引の消去の原則，すなわち債権債務連結，内部利益の消去および費用収益連結に依拠している。それはまた，HBⅡまたは合算決算書に掲げられるすべての取引事象を，あらためて経済的単一体の観点から連結集団内部の関係として顧慮することであり，それによって実現原則や完全性原則などの商法上の

GoBを補完するものとみる。そこでの補完関係は，たとえば次のようである。

実現原則によれば，企業が購入もしくは自家製造した財またはサービスは，それが販売市場で飛躍をとげ，年度決算書において販売価格をもって価値飛躍を果たすまでは，取得原価または製造原価で計上しなければならない。実現原則は，損益計算書において，実現した収益と，それに賦課する費用とを対比させる，事由にもとづく限定原則によって補完されるが，これらの原則は，連結集団内取引の消去の原則によって相対化される。連結集団内取引の消去の原則は，こうして経済的組織体としての成果を連結決算書に示すことになるが，成果は給付が連結集団から引き渡されて，その価値が取引をつうじて第三者によって確認されたとき，実現したとみなされるからである。年度利益に関する限定原則にしたがって，年度決算書で表示される連結集団内取引からの収益と，それに対応する費用もしくは成果への影響は，費用収益連結によって連結損益計算書から除去される。

計上原則もまた，連結処理では連結集団内取引の消去の原則によって補完される。なぜなら，借記も貸記も，経済的単一体の観点から，客観性の原則に従い連結決算書において考慮されるべきだからである。たとえば，被組入企業が創出し，他の被組入企業に売却した無形資産のような，被組入企業の年度決算書で借記および貸記義務ある財産もしくは負債は，連結決算書では借記もしくは貸記禁止となる，というようにである。計上原則によって，連結集団対象企業の個別決算書に計上される連結従属企業間の債権債務関係は，債権債務連結では，連結集団内取引の消去の原則によって，合算決算書から除去しなければならない。こうして，連結集団内取引の消去の原則は，HGB第300条2項1文による連結決算書内容の完全性原則とともに具体化されるのである。

(3) ベェトゲGoK論の意義

以上みたように，ベェトゲのGoK論は，HGB第297条2項2文におけるGoB指示の解釈をつうじて，これをドイツ商法会計法に伝統的な一般規範としてのGoB（狭義のGoB）とは峻別した上で，それとともに正規の連結処理の諸原則

(GoKons) を含む, いわゆる正規の連結会計の諸原則・GoK (広義のGoB) として論理づけたところに特徴がある。ここにおいて, GoBは, 連結決算書作成上, 準拠すべき規範とされたことを契機として, 二元的解釈が施されたのである。

ところで, 今日, 連結決算書問題は, 会計国際化との対応における差しせまった現実的な焦点である。ベェトゲの場合, IAS決算書は, あくまで受け手, とりわけ資本市場の参加者に情報を提供し, その意思決定を助けることであり, その意味で情報目的を追求するところにあるとみる。資本市場を利用しようとするドイツのコンツェルン親企業に, HGBの連結決算書に代って免責的に, 国際的連結決算書を作成することを認めた, HGB第292a条の趣旨はまさにそれである。しかしベェトゲは, IAS連結決算書に求められているのは,「企業の真実かつ公正な概観, もしくは財務状態, 収益および財務状態の変化を公正に表示すること」であり, その意味で, "true and fair view" 原則は, ドイツの一般規範と同じ「優先的原則」とはみなされない, というのである。

IASは, ドイツ企業にとって遵守すべき (拘束力ある) 法としてではなく, あくまで任意に適用しうるひとつの規範システムにすぎないとみる。敷衍すれば, "true and fair view" 原則は, 資本市場指向の, 情報目的のIAS連結決算書にとっての一般規範であっても, ドイツの連結決算書にとっての一般規範ではありえないのである。したがって, ドイツに所在するコンツェルン親企業は, HGBの規定に従って, 連結決算書を作成することが義務づけられる。IAS決算書は, 有価証券取引法 (WpHG) 第2条5項の意味での証券市場をすでに利用しているか, もしくは上場認可申請を行っているドイツ連結企業が, 第292a条にもとづいて, HGB連結決算書に代って免責的に国際的連結決算書を作成するか, あるいはHGBの決算書作成義務としてではなく, 任意にそれを作成することができるものである。

このように, ベェトゲのGoB二元化論は, 第292a条による免責のIAS連結決算書のそれとは厳しく峻別した, あくまでドイツ法 (HGB第297条2項2文) の枠内での, 連結決算書の規範システム論として展開されたものといわなければならない。

第3節　バルヴィーザーの情報GoB論

(1)　情報GoBの構造

W. バルヴィーザー（Wolfgang Ballwieser）は，2002年論文（「情報GoB―あわせてIASとUS-GAAPの視点から」）において，会計は利益測定・配分とともに情報にも役立ち，会計報告責任と意思決定を基礎づけるものであるが，情報の観点からすれば，会計報告責任が意思決定を支える関係に立っているとみる[30]。ドイツの立法者は，会計の情報機能についてHGBの多くの条項のなかで根拠を与えているという。すなわち，第238条の規定（「GoBに従った財産の明瞭表示」）や，第264条2項および第297条2項の規定はもとより，第289条および第315条での，会社の将来の発展にともなう「予想されるリスク情報」の開示を求める，状況報告書や連結状況報告書に関する規定がそれである。にもかかわらず，ドイツではこれまで，情報GoBは，現実にはますます国際的慣行に近づきつつある連結会計法における発展を前に，後景に押しやられ，不分明であるという[31]。そこでバルヴィーザーの関心は，利益測定GoBと同時に，情報GoBの存在を描き出すところにあるとしている。

さてバルヴィーザーは，情報GoBを支える諸原則の提示を中心に立論を展開する。それは次のようである。

①　利用者指向の原則[32]

バルヴィーザーによれば，会計はたしかに，それ自体商人の自己情報ではあるが，それ以上に会社に利害関係をもつ第三者の保護に役立つとされる。そこで保護されるべき利害集団は，会社に対して請求権をもつ会計の受け手（会計利用者）である。投資家，従業員，顧客，供給者，財務アナリスト，格付け機関，国庫や公衆など，情報を利用し，それによって役立っている，いわゆるステイクホルダーを単純に数え上げていけば，法律上規定されている会計は，おそらく無定形なものなってしまうという。ここでは，会社の利害集団としての会計の受け手（Adressaten）と受信者（Empfänger）とは区別しなければなら

ないが，法的に実効性ある顧客なり，財務アナリストなど利害集団の実質的な情報請求権とははたして何なのか，である。

　それらのうち，とくに自己資本投資家は，他のすべての者の請求権履行後の残余持分の請求者として，最大の所得リスクを負うが，債権者は，利益測定規準によってだけでなく，会計報告責任によっても保護されるはずであり，そのことは，HGBの形成史からだけでなく，会社の広範で特別な開示義務からも明らかである。また従業員の情報関心は，当然，企業の財務上の健全性など，会計が与える情報にあるとしても，それを超えてさらに職場での地位，キャリアや報酬の可能性などに向けられる。とはいえ，従業員が会計の受け手であることは，強制金の確定に関するHGB第335条からも明らかである。そこでは，資本会社の代表権ある構成員が決算書の作成と監査義務の履行を怠った場合，登記裁判所は強制金の確定をつうじて，その履行を強制するものとしている。経過からすれば，KapCoRiLiGまでは社員，債権者および経営協議会に対する申立権は制限されていたが，1998年の欧州裁判所の責問（Rüge）によってこの制限は解除された。その結果，従業員はもとより，特別の利害関係の表明がなくても，誰もが申立権をもつことができ，したがって公衆も会計の受け手とみなされるようになったのである。その上，開示法では，公衆，とりわけ自治体や地域社会に対しては，その特別の重要性から，大企業による情報提供がなされるべきこととしている。

　② 意思決定適合性の原則[33]

　会計の受け手は，意思決定の基礎となる情報を必要とする。モクスターは，すでに1976年に，意思決定実現と意思決定適合性情報の原則を構成要素とする，意思決定指向の会計報告責任の原則を定式化した。

　しかし，受け手に伝えられるすべての情報が意思決定適合的だということではない。立法者が，一定の規準にしたがって情報に組み込まれるデータだけを要求していることでも，また競争上の秘密保護や重要性の顧慮からも，そのことがいえる。情報の発信コストが，その便益または総情報価値を上回ることは許されないのである。

情報の経済性は，その情報価値の考量によって，意思決定適合性を現実化することである。情報が十分な価値をもち，意思決定適合的であるのは，それを活用することによって，それがないときとは異なる意思決定を行ないうる場合である。自己資本投資家は，多くの意思決定を行うはずである。たとえば，資本持分の保有，買い入れや売却，経営首脳陣の解任もしくは任命，マネージャーの雇い入れ・継続と解消，さらには賃金契約なども含まれる。会計は，それらの意思決定が根拠をもって行われることに役立つのである。

③　中立的報告の原則[34]

義務的な会計の枠内で企業が与える情報が，受け手に一定の作為を引き起こすよう導くことは許されない。情報は，法律と定款がまったく一致している限りで，中立的に与えられなければならない。さもなければ，人は，情報を送る管理者か他の集団のためになるような効果を引き起こそうとするだろうし，それは現行の規準での，事象に関する会計報告責任の理念に反することである。こうした中立性原則から，次で論じる慎重原則非顧慮の原則が導き出される。

④　慎重原則非顧慮の原則[35]

慎重原則は，HGB第252条1項4文に掲げられている実現原則や不均等原則のなかに，さらには負債性引当金や偶発損失引当金の設定にとっての，また計算区分項目の借方と貸方での非対称の処理を前提とする，第248条2項での計上結果のなかにも，あるいは償却資産の耐用期間の選択の場合での評価結果にも具体化されている。

慎重原則は，情報の観点からは顧慮されるべきではない。ただしそれは，（非慎重という意味での）根拠のない情報は受け手に伝えられるべきではないということである。逆に，慎重原則では，状況報告書において，将来の発展もしくは企業と受け手にとってチャンスとなる研究開発の詳細は伝えないが，リスクは表示されるというようなことは許されない。それは，第289条1項と矛盾しているようにみえるが，同条2項2号にいう「資本会社の将来の発展」にはチャンスとともにリスクも含まれると考えられることからも，こうした不均等な扱いは禁じられるのである。

第4章 「正規の簿記の諸原則」二元化論　133

⑤　明瞭性の原則[36]

モクスターがいうように，明瞭性の原則は，あいまいな，その意味で判断を誤らせるような内容の報告を禁じるということである。要するに，それは判りやすく，明瞭な情報を伝えることを求めた原則である。

⑥　重要性の原則[37]

重要性の原則は，HGBでは多くの規定のなかに，さまざまな形で表れている。たとえば，HGB第265条7項1号（実質的諸関係の写像の伝達にとって「重要でない金額」）をはじめ，第268条5項3文（決算日後発生した債務の「主な金額」），第277条4項2文（金額が収益状態の判断にとって「少なからざる重要性」），さらには第284条2項4文（評価の「著しい差異」），第285条3号（財務状態の判断にとって「重要な記載」）など，それはさまざまな規定の文言に表れている。重要性の原則は，こうした貸借対照表および損益計算書の項目分類や説明，補完に関する諸規定からはっきり読み取ることができる。

また，重要性が情報経済的であることが明確に示されれば，意思決定適合性の原則は達成される。すなわち，意思決定適合性はつねに重要であり，重要性はいつでも意思決定適合的である。おそらく重要性の原則と意思決定適合性の原則とは不可分であるが，それを根拠づけるためには，費用対便益の考量を行わなければならない。

⑦　信頼性の原則[38]

情報が受け手にとって有益であるためには，十分に信頼しうるものでなければならない。過去の事象に関する限り，信頼性は十分確保できる問題である。たとえば，借記された財産対象物の取得原価ははっきり示すことができ，製造原価の構成も十分表示し，検証することもできる。ただし，貸借対照表処理に及ぼす影響が大きい予測の場合は別である。極端なケースは別として，情報として報告しうるためには，どの程度の信頼性が必要でなければならないかは，一般的には言えない。

信頼性と適合性は，しばしば互いに緊張関係にある。なぜなら，意思決定適合的な情報は，必ずしも検証可能ではなく，その限りでは信頼しえないからで

ある。この問題は，とりわけ意思決定適合的な情報がつねに将来に関係し，将来の結果についての表示の真実性は確認しえないということからきている。それに対して，有価証券の取得原価のようなきわめて信頼性の高い情報は，必ずしも絶対的に有用でなくてもよい。

情報の経済性は，信頼性とは明らかに代替関係に立っている。それとともに，情報の非歪曲性は，まだ理解が十分ではないし，またそれが信頼性の次元ともみなされていない。会計は，測定規準によって算定された利益が，相当の信頼性をもつものとする，ひとつの理論的な構成物である。

⑧ 情報分解の原則[39]

会計は，自己資本，貸借対照表合計，損益というように，その背後にある金額についての説明なしに，包括的な報告金額で行われうる。報告金額が明白で理解可能な限りで，明瞭性原則は侵されていないが，そこでは，むしろ報告金額を分解し，その構成を示すことを求めているのである。たとえば，HGB第246条2項での相殺禁止に始まり，貸借対照表と損益計算書における項目分類（第266条以下第275条）から，さらに特定の価値評価の計上と構成の選択自由の徹底的な利用に関する説明義務（第284条2項1号）にいたる規定に，それが表れている。

しかし情報分解には限界がある。とりわけ，すべての記帳数値は公表されなければならないので，分解は完全に行うことはできない。その限りで，情報分解の原則は，意思決定適合性および重要性の原則と緊張関係にある。HGBが求めている情報分解の程度は，項目分類の一般原則（第265条）に基礎をおく，貸借対照表と損益計算書における項目分類規定に表れているが，法律の多くの箇所に含まれている情報義務は，附属説明書によって果たされなければならない。

情報分解の原則は明瞭性原則以上に重要である。たとえば，なぜ年度の売上高が15％だけ減少したのかを問題にするのではなく，売上高とそれに対応する製造原価から，どのように売上総利益が生まれたのかの証明が重視される。この場合，売上高の減少については，年度決算書と連結決算書に関するHGB第

264条2項や第297条2項の条項，もしくは状況報告書と連結状況報告書に関する第289条や第315条の各条が適用される場合にのみ報告されるはずである。

⑨　表示継続性の原則[40]

表示継続性は，継続する決算書の比較可能性を保証する。それは，HGB第265条1項1文に法典化されており，状況報告書にも当てはまる。継続性の中断は，特定の事情のもとでは要求され（第264条2項や第297条2項によっても，第292a条による国際会計規範の利用によっても），また別の場合には許される。それが厳密にはどんな事情なのかは議論のあるところである。

⑩　利害関係考量の原則[41]

附属説明書の記載に関する保護条項の詳細はHGB第286条におかれている。その保護は，連邦もしくは州の公益のため（1項），資本会社もしくはその他の企業にとっての著しい不利益の回避のため（2項および3項1文2号），機関構成会社に関する秘密保持のため（4項）に行われる。利害関係の考量はとくに，資本会社にとっての著しい不利益の回避の場合に必要である。この場合，管理者の側には，決算書監査人と監査委員会に対して行うべき相当の挙証責任がある。

⑪　表示選択権の原則[42]

現行法は，数多くの表示選択権を含んでいる。損益計算書は，総括原価法または売上原価法によって作成することができる（第275条1項1文）。アラビア数字で表される貸借対照表および損益計算書の項目は，表示の明瞭性を高めるため，統合して表示することができるが，この場合には，附属説明書において区分して表示しなければならない（第265条7項2号）。また多くの情報が貸借対照表，損益計算書または附属説明書で選択的に与えられている（たとえば，第268条2項による固定資産の変動報告など）。貸借対照表，損益計算書および附属説明書は一体を成しているので（第264条1項1文），年度決算書のさまざまな場所での報告は中和される。つまり一体理論はまず，附属説明書の解除機能を理由づける。表示選択権は，情報の観点からさまざまに評価されなければならない。同一の企業でも，期間をこえて選択権の行使の変更をした場合，

比較可能性を損なうので，それは不適切とみなければならない。

(2) バルヴィーザー情報GoB論の意味

バルヴィーザーは，HGBはさまざまな条項のなかで，利益測定GoBとともに，情報GoBの形成可能性に根拠を与えているとし，そこからGoB二元化論の展開を試みた点に際立った特徴がある。

そこでは，利用者指向，意思決定適合性を基軸原則とし，それを支える信頼性，中立性，重要性，継続性および比較可能性などの諸原則をもって情報GoBを論理づけている。要するに，会計は，企業の経済状態に関する実質的諸関係の写像としての"情報"伝達をつうじて，投資家，債権者をはじめ顧客，従業員，国庫および公衆など多様な利用者の意思決定を助けるところに，その機能があるとみるのである。

そして彼は，2002年論文締めくくりの「IASおよびUS-GAAPの概念フレームワークとの比較」において，そこに通底する会計規範の基本的論点を描き出している。たとえば，1989年のIAS概念フレームワークから，次のような規定を引いている。すなわち，「決算書の利用者には，現在および潜在的な投資家，従業員，債権者，納入業者や顧客，規制機関ならびに当局および公衆が含まれる。彼らは，それぞれの多様な情報要求を充たすために，決算書を利用する (R. 9)」[43]とみる。そして，意思決定適合性の原則を概念フレームワークの基軸とした上で，「決算書の目的は，企業の財産・財務および収益状態ならびにその変化について情報を与えることであり (R. 12)，そこでの情報は，それが過去，現在および将来の事象の判断を助けるかまたはその判断を過去に遡って確認したり修正したりすることによって，利用者の経済的意思決定に役立ったとき，有用とみなされる (R. 26)」[44]としている。また，決算書の情報機能を充たす要件として，1．理解可能性／2．重要性を含む適合性／3．信頼しうる表示，経済的観察法，中立性，慎重および完全性を含む信頼性／4．比較可能性などの諸原則を挙げている (R. 24-42)[45]。

また，FASBの概念フレームワーク・SFAC 2号(「会計情報の質的性格」1980

年)にふれ,IASBのそれと比較しつつ,そこに表れた情報会計の質的要件の階層的な組み立てについて概観している。SFAC 2号では,意思決定有用性を中心原則とし,その下位原則として意思決定適合性と信頼性をおいている。意思決定適合的な情報とは,予想を可能にし期待価値を吟味することに適時的かつ有用な情報であり,信頼しうる情報とは,検証可能でかつ写像忠実性の基準を充たしている情報であるが,比較可能性と継続性が,意思決定適合性にも信頼性にも影響を及ぼす,いわゆる相互依存的な原則と位置づけられている(46)。

さらに注目すべきは,2002年10月,DRSが公表した概念フレームワーク公開草案・「正規の会計の諸原則(GoR)」(本書第6章参照)との関係である。ここでも,GoRとして掲げられている諸原則・概念と構成,およびその論理の基調と,バルヴィーザーのそれは類似している。たとえば,「会計の目的を正しく評価するには,相互に補完・限定関係にある情報原則と利益測定原則を顧慮しなければならない」(47)とした上で,会計の情報機能を確保する原則として,利用者指向,意思決定適合性,重要性,信頼性,中立性,慎重,明瞭性および継続性・比較可能性などの諸原則を配置する,というようにである。

このように,バルヴィーザーの場合留意すべきは,一連の概念と構成,およびその内容において,IASやFASB,さらにはDRSCの概念フレームワークでの,アングロ・アメリカ型の意思決定有用・情報機能アプローチのそれに大きく依拠,もしくは著しく近似している点である。

お わ り に

以上,本章で扱った3人のGoB論は,それぞれ3様のベクトルで会計の情報機能とそれを基礎づける規範領域の拡大を論じたところに特徴がある。

そこでの立論は,いずれも85年HGBに表れた"true and fair view"原則やEU指令との対応など,会計国際化の著しい進展を契機として,資本市場指向・情報機能の拡充に焦点づけた新しい会計規範の形成をめぐってなされたものであった。それは,ドイツ商法会計の牙城・GoBがいまや簿記と年度決算書の一般規範としての枠組みを超えて,その規範領域を情報機能にまで拡大し

た，規範システム再構築への試みであり，GoBが一元的規範力をもつ商法会計法の基軸概念としての座から，二元的規範システムの形成を促す，媒介環へと転態をとげたとみる論調である。

いわれているドイツ商法会計のパラダイム転換は，外在的には2005年以降，資本市場指向的企業の連結決算書作成にIAS適用を義務づけ，さらにその個別決算書と非資本市場指向の，その他の企業の連結決算書および個別決算書に対するIAS適用を加盟国選択権とした「IAS適用命令」(2002年7月) を背景としたものである。ドイツ連邦政府はこれに対応してまず，改革の見取図ともいうべき「措置一覧」(「10項目プログラム」) によって，「EU会計現代化指令」(2003年6月) とともに，「IAS適用命令」の転換をはかる「会計法改革法」を連邦議会に上程し，それが2004年10月29日に可決，12月9日に公示されたが，引き続きその本格的な転換としての「会計法現代化法」の法案策定を急いでいる。

本章でみたGoBの二元的解釈とそこからの二元的規範システム論は，EU会計指令の「現代化」との共進関係のなかでの，商法会計法のパラダイム転換につながる牙城・GoBのゆらぎとみなければならない。

注

(1) Beisse, H. [1999], S. 2180.
(2) Beisse, H. [1994], S. 5.
(3) Ebenda, S. 29.
(4) Ebenda, S. 29-30.
(5) Ebenda, S. 30.
(6)(7) Beisse, H. [1999], S. 2180.
(8)(9) Ebenda, S. 2181.
(10) Ebenda, S. 2182.
(11) Ebenda, S. 2183.
(12) Ebenda, S. 2184.
(13) Ebenda, S. 2181.
(14)(15) Ebenda, S. 2185.
(16) Ebenda, S. 2185-2186.
(17) Ebenda, S. 2186.
(18) ベェトゲの法解釈学的方法については，佐藤博明編著 [1999]，第3章 正規の簿記の諸原則，(3) ベェトゲのGoB論を参照。

(19) Baetge/Kirsch/Thiele [2000], S. 46.
(20) Ebenda, S. 48.
(21) Ebenda, S. 60.
(22) Ebenda, S. 29-46.
(23) Ebenda, S. 61.
(24) Ebenda, S. 63.
(25) Ebenda, S. 64.
(26) Ebenda, S. 65-67.
(27) Ebenda, S. 67-71.
(28) Ebenda, S. 72.
(29) Ebenda, S. 72-78.
(30)(31) Ballwieser, W. [2002], S. 115.
(32) Ebenda, S. 115-116.
(33) Ebenda, S. 116-117.
(34) Ebenda, S. 117.
(35) Ebenda, S. 117-118.
(36)(37) Ebenda, S. 118.
(38) Ebenda, S. 118-119.
(39)(40)(41) Ebenda, S. 119.
(42) Ebenda, S. 119-120.
(43)(44)(45) Ebenda, S. 120.
(46) Ebenda, S. 121.
(47) DRSC [2002], S. 15.

参 考 文 献

Beisse, H. [1994], Zum neuen Bild des Bilanzrechtssystems, in:Ballwieser u.a., (Hrsg.);
 Bilanzrecht und Kapitalmarkt, Düsseldorf.
Beisse, H. [1999], Normqualität und Normstruktur von Bilanzvorschriften und
 Standards, in : BB 54. Jg.・Heft 42.
Baetge/Kirsch/Thiele [2000], Konzernbilanzen, 5. Aufl., Düsseldorf.（佐藤博明監訳
 [2002]『ドイツ連結会計論』森山書店）
Ballwieser, W. [2002]; Information－GoB－auch im Lichte von IAS und US-GAAP, in :
 KoR 3.
DRSC [2002], Entwurf Grundsätze ordnungsmäßiger Rechnungslegung (Rahmenkonzept).
佐藤博明編著 [1999]『ドイツ会計の新展開』森山書店。

(佐藤　博明)

第5章
ドイツ会計基準委員会の設置と国家の規制責任
―ブライデンバッハとベアベリッヒの所説―

はじめに

　ドイツ会計の制度的仕組みを特徴づけているのは，商法会計規範の枠組みのなかで，法規範と専門規範が一体の混成システムとして位置づけられる点である。ドイツ会計は，1861年ドイツ普通商法典の時代から今日に至る歴史のなかで，成文法の法規範体系にもとづき制度化され，この法規範のなかの正規の簿記の諸原則（GoB）と呼ばれる不確定な法概念を解釈し，法の欠缺を充填することで現実に起きている会計処理問題に柔軟に対応してきた。その際，法の欠缺を充填する有力な媒介環として裁判所の判決があり，また商人の慣習・経営経済学の認識があった。

　しかし，1980年代末以降に顕著になってきたドイツ会計の国際化対応のもとで，大きな検討課題となってきたのは，正規の簿記の諸原則（GoB）を解釈し，内容を充填するための媒介環に関し，独立した機構を設置することの必要性が内外から生じたことである。1980年代の商法改正時に提唱された正規の簿記の諸原則（GoB）委員会構想がそれであり，さらに，1998年会計改革関連法（HGB第342条）で実現したドイツ会計基準委員会（DRSC）の創設であった。

　ドイツ会計基準委員会（DRSC）は，連結決算書に関するドイツ会計基準（DRS）の草案を開発し，連邦法務省に勧告を行い，これを連邦法務省が公告（Bekanntmachung）して後にはじめてドイツ会計基準となるという基準設定メカニズムを担っている。しかし，ドイツ会計基準委員会（DRSC）がデュープロセスを採用しているにもかかわらず，アメリカの財務会計基準審議会

(FASB) と同じ基準設定権限を有するプライベートセクターであるとみることはできない。ドイツ会計基準委員会 (DRSC) から勧告された会計基準案が連邦法務省の公告を経てドイツ会計基準となるということであり，さらに，ドイツ会計基準委員会 (DRSC) が立法行為に関する助言を連邦法務省に行い，連邦法務省が立法手続きをした後，連邦議会（衆議院・参議院）で企業会計法が制定されるということである。このため，ドイツの場合は，ドイツ会計基準委員会 (DRSC) と連邦法務省・連邦議会とのプライベートセクターとパブリックセクターが融合したハイブリッド方式が採用されているといえる。換言すれば，ドイツ会計基準委員会 (DRSC) もまた，「立法愛国主義 (Gesetzgebungspatriotismus)」[1]の枠のなかで，その役割が期待されている。

　本章は，このような環境要因のなかで創設されたドイツ会計基準委員会 (DRSC) に関する研究を行った2つの所説を取り上げている。第1は，ブライデンバッハ (Breidenbach, K.) の所説，『会計規範設定―ドイツにおけるこれまでの形成と可能な前進』(1997年) である[2]。このブライデンバッハの所説は，ドイツ会計基準委員会 (DRSC) 創設の前に，どのような会計委員会が設けられるべきかを立論したものである。第2は，ベアベリッヒ (Berberich, J.) の所説，『ドイツ会計基準委員会のフレームワーク―企業会計法における憲法に合致した社会的な自主的統制のモデル』(2002年) である[3]。このベアベリッヒの所説は，ドイツ会計基準委員会 (DRSC) 創設の後に示されたもので，憲法秩序に合致した国家の結果統制と私的な自主的統制からドイツ会計基準委員会 (DRSC) の民主主義的な正当化を論じている。

第1節　ブライデンバッハの「会計規範設定プロセスの発展可能性」

(1)　ブライデンバッハの所説の論点

　ブライデンバッハの所説の全体を貫いている論点は，ドイツの会計規範システムを「ドイツ社会の構成部分としての会計システム」[4]であると捉えて，この社会システム観から，「内部における影響要因と外部からの国内および海外

第5章　ドイツ会計基準委員会の設置と国家の規制責任　*143*

の隣接システムの影響」[5]という内生・外生の環境因子から，ドイツの会計規範設定の形成可能性を論究し，ドイツの会計委員会の設置に向けた立論をすることにある。

その際，ドイツ会計規範システムに影響を与えている要因として挙げられているのが，立法機関，裁判所および正規の簿記の諸原則（GoB），企業，経済監査士，財務諸表の受け手（企業内部の自己資本提供者，経営者，監査役，従業員と企業外部の他人資本提供者，国庫，得意先，仕入先，大衆），専門科学といった因子である。そして，これらの因子が相互に作用してドイツ会計規範システムに影響を及ぼしてきたと考える。しかも，これらの因子のなかで，とくに，立法機関，企業，裁判所，経済監査士が会計規範システムに強く影響を与えたのに比べ，財務諸表の受け手，専門科学の影響が低かったと考える[6]。

ブライデンバッハの所説は，ドイツ会計規範システムの内部の影響要因とともに，さらに外部から影響を与えてきた「国内・国外の隣接システム」[7]があると捉えている。すなわち，国内の隣接システムというのは，法システム，企業システム，資本市場システムという因子から成るものであるが，これらの国内の隣接システムの因子がそれぞれに立法機関，裁判所，経済監査士，企業という会計規範システムの内部因子に影響を与えてきた。しかし，会計国際化のなかで，国際会計基準委員会（IASC），海外資本市場，国外会計基準，欧州連合（EU），国際連合（UN），経済協力開発機構（OECD）といった国外の隣接システムの因子もまた，1990年代以降に，ドイツ会計規範システムの内部の影響要因である立法機関，企業，裁判所，経済監査士といった因子に重層的に作用したという[8]。

とくに，国外の隣接システムのうち，欧州連合（EU）が立法機関をつうじてドイツ会計に影響を与え，さらに，経済のグローバル化，資本需要の増大に伴って国外の資本市場の影響が上場企業をつうじてドイツ会計に及ぶようになり，国外の会計システム，とりわけアメリカ会計の意義が高まった。欧州連合（EU）がこれまでこの発展に適切に対応し切れず，加盟国の行動の可能性を政治的圧力で制限してきたのに対し，国際会計基準委員会（IASC）は，世界的

な承認を目指し，国を超えた機構として国際的な調和化と基準設定の枠組みのなかで，アメリカ会計に対する代替的な選択肢の1つと考え，また，証券監督者国際機構（IOSCO）と国際会計基準委員会（IASC）との合意にもとづきIASが証券市場におけるグローバルスタンダードとして影響を広げる方向にむかった。この結果，欧州連合（EU）は，新しい会計戦略の将来構想を発表し，その具体化な対応措置として，IASがEU域内の上場企業のグローバルスタンダードとして適用されるよう求めることとなった[9]。

ブライデンバッハは，このように述べて，国外の隣接システムの動きに対応するかたちで，ドイツもまた，「会計領域における規範設定プロセスの形成可能性」[10] を求める新たな時代の要請を受けたとし，ドイツ会計規範システムの内部の影響要因の変化が促されたと考える。そして，ブライデンバッハは，具体的に，

―会計領域における規範設定プロセスの形成可能性[11]
―ドイツの会計領域における規範設定プロセスの要件[12]

の2つの点から，ドイツ会計基準委員会（DRSC）の設置に向けた論点整理を行っている。

（2） 会計領域の規範設定プロセスの形成可能性

ブライデンバッハは，ドイツ会計規範システムの内部的影響要因として，国内・国外の隣接システムが大きく作用し，とくに後者の国外の隣接システムの因子が「規範設定プロセスの変更」[13] をドイツ会計に迫ったが，ドイツにとって，どのような会計領域における規範設定プロセスの形成可能性が考えられるかが重要な論点であると考える。

その際に，一般的な会計規範設定プロセスの形成可能性としては，「立法機関による規範設定」[14] と「委員会による規範設定」[15] の2つの方式があることを確かめたうえで，しかし，この形成可能性に関し，どの国の場合も，立法機関による規範設定とか，委員会による規範設定とか，いずれか1つの純粋な方式だけを採用していることはない。立法機関や委員会が相互に関与し合って

規範設定が行われているとし[16]，それぞれの方式に関し，以下のような所説を述べ，ドイツにおける設置形態として，どれが相応しいかを検討している。

第1の立法機関による規範設定というのは，立法府が会計規範を成文法で法典化するものであり[17]，EUの会計指令の転換にあたって各国の立法機関が法改正を行った例がある。ドイツ，オーストリア，ルクセンブルクがこれに該当する国である。しかし，この場合にも，委員会意見書，経済監査士協会の意見書，判決，税法の規定等が法の欠缺を補充していた[18]。

第2の委員会による規範設定については，「国の設置した委員会による規範設定」[19]，「私的委員会による規範設定」[20]，「混成の委員会による規範設定」[21]の3つの方式がある。

このうち，国の設置した委員会による規範設定を採る国として，フランスと日本がある。両国の場合，国の設置した会計委員会が立法機関に代替して会計規範を発展させる。そして，この会計委員会設置に伴って，利害関係グループの代表者が規範設定に参加している。とくにフランスの場合，国家会計委員会（CNC）が会計規範を設定する[22]。

私的委員会による規範設定の国がイギリス，アメリカである。イギリスの場合，会計基準委員会から会計基準審議会（ASB）への展開があった。イギリスの会計について，会社法の枠組みのなかで，法律上の規制が行われるが，しかし，会社法に詳細な規定はなく，財務諸表作成者の裁量に委ねられてきた。しかるに，1960年代末に起きた不正経理事件を契機に，イギリス会計への批判が高まった結果，国による規制を回避する目的で，イギリス勅許会計士協会によって会計基準委員会が1970年に設立された。その後，1976年に会計基準委員会の組織変更があったが，ディーリング委員会勧告（Dearing-Reports）の批判的指摘と勧告を受けて，1990年に会計基準審議会（ASB）が設立された。イギリスの場合，財務報告会議，会計基準審議会（ASB），財務報告レビューパネル（FRRP）が機構として設置され，財務報告会議が「規範設定プロセスの統括・監視」を行い，財務報告会議のもとに，会計基準審議会（ASB）と財務報告レビューパネル（FRRP）が置かれている。そして，会計基準審議会（ASB）が

自己の責任で会計規範の開発と公表を行うのに対し，財務報告レビューパネル（FRRP）は，会社法規定の順守の監視をする。また，会計基準審議会（ASB）のもとに，緊急問題タスクフォースが設置され，緊急に解決を要する問題に関する勧告と基準と会社法規定の解釈を行う[23]。

EUの会計指令の変換以降は，イギリスでも，詳細な会計規定が法律に設けられたが，ほとんどすべてのEU会計指令の選択権が国内法化された結果，弾力性も内包された。このため，会計規範が法律の枠組みのなかで，政府から独立した私的な機関である会計基準審議会（ASB）により設定されることとなり，旧会計基準委員会と違って，政府の会計への影響をできるだけ小さくしようとした。ただし，財務報告会議の正副委員長を政府が任命すること，会計基準審議会（ASB）の審議の監視者を派遣し，規範設定プロセスの財政支援をすることで影響力を保持している[24]。企業は，法律で，基準からの離脱を公表する義務を負うことで会計基準審議会（ASB）の職務を政府は支持している。そして，財務報告レビューパネル（FRRP）は，法律規定にしたがって直接的に基準の順守に関し企業を告発する権利を有している。だが，基準の順守についての法律上の義務は何らない。イギリスにおける最重要な会計原則は，真実かつ公正な概観（true and fair view）であるが，これは，1948年会社法以来，法律上の規定に明記されている。問題は，この概念が明白に規定可能なものではないということである。たしかに，標準会計実務基準書（SSAP）・財務報告基準（FRS）の順守が原則として真実かつ公正な概観（true and fair view）を伝達するものであるが，そうでない場合には，基準からの離脱が認められる。この結果，基準は，財務諸表の作成者にとって義務的ではなく，疑義のある場合に，基準からの離脱が真実かつ公正な概観（true and fair view）の伝達を侵害していることが証明されなければならない。会計基準審議会（ASB）は，最終的に，規範を任意適用することを指示している。このような理由から，標準会計実務基準書（SSAP）と同様に，現行の会計規範の実施に関し，財務報告基準（FRS）の一般的承認の意義が大きい[25]。

アメリカの場合にも，会計手続委員会から会計原則審議会を経て，財務会計

第5章　ドイツ会計基準委員会の設置と国家の規制責任　　*147*

基準審議会（FASB）への展開があった。アメリカでは，証券法（1933年）と証券取引法（1934年）の順守を監視する行政機関として証券取引委員会（SEC）が設置され，証券取引委員会（SEC）は，開示規定の具体化を図るために，法律効力を有する命令を制定する授権を受けた。しかし，証券取引委員会（SEC）は，このことに関する行政命令を一部にとどめ，大部分は，会計規範の開発を職業団体に権限委譲した。アメリカの会計規範は，一般に認められた会計原則（US-GAAP）と呼ばれ，ドイツの正規の簿記の諸原則（GoB）と同様に，明白な定義がない。このため，証券取引委員会（SEC）がアメリカ公認会計士協会（AICPA）に会計規範（US-GAAP）の開発を行う旨の権限の委譲をした。この権限委譲にともない，会計手続委員会から会計原則審議会（APB）を経て，財務会計基準審議会（FASB）による会計規範の設定に至っている[26]。

　疑義のある場合には，真実かつ公正な概観（true and fair view）の下位にあるとされるイギリスの基準と比べて，アメリカの基準（US-GAAP）は，公認会計士がアメリカの基準（US-GAAP）への一致を監査証明するということから，イギリス基準よりも意義が大きい[27]。

　アメリカでは，会計手続委員会から会計原則審議会（APB）を経て，財務会計基準審議会（FASB）への変化があるが，財務会計基準審議会（FASB）設置の動機は，会計基準（US-GAAP）の設定への国家の介入からの回避をアメリカ公認会計士協会が図ろうとしたことである。1973年に財務会計基準審議会（FASB）が私的規範設定機関として創設された。このアメリカの規範設定の機構は，財務会計財団のもとに，財務会計基準審議会（FASB）と財務会計基準諮問会議がある。財務会計財団は，規範設定プロセスの財政支援を行い，財務会計基準審議会（FASB）の委員を任命する。財務会計基準審議会（FASB）は，私経済的企業に関する会計規範の開発と公表を行い，それの下にある緊急問題タスクフォースが新しく発生した問題の認識とその解決に取り組む。他方，財務会計財団が委員を任命した財務会計諮問会議は，財務会計基準審議会（FASB）に対し助言を行う[28]。

　財務会計基準審議会（FASB）は，アメリカの会計規範設定の中心的な機関

であり，会計領域における研究活動，証券規制当局とのコミュニケーション，私経済的企業の会計問題の解決に関する重要な地位を果たしている。財務会計基準審議会（FASB）には，第1に，会計規範の開発にあたって特定の利害関係グループの圧力を排除すること，しかし，第2に，基準の承認に関し支持を得るために会計の利害関係グループに無条件に依存しているという二律背反の任務がある。この点で，財務会計基準審議会（FASB）は，実質的な依存または人的な支配にもとづき特定の利害関係グループの影響を受けない独立した機関であり，さらに，財務会計基準審議会（FASB）は，幅広い公衆がかかわり，できるだけすべての利害関係者が規範設定作業に参加するように努力することによって，その規範性の高い承認を得ることが必要である。財務会計基準審議会（FASB）の公表したステートメントと解釈に証券取引委員会（SEC）が有力な権威の支持を与えているのもこのためである。もし，そうでなければ，証券取引委員会（SEC）が会計規範の領域の規範を設定する権限を行使し，その結果，私的セクターが自己規制（Selbstregulierung）の権利を喪失するという可能性もつねに存する[29]。

イギリスとアメリカのような私的委員会ではなく，混成の委員会よる規範設定の国として，オーストラリアがある。オーストラリアもイギリスと同様に，原則として，政府の規制を回避しようとしている。1960年代はじめ，オーストラリア勅許会計士協会とオーストラリア公認実務会計士協会の2つの団体がそれぞれに独立した会計勧告を公表していたが，強く批判を受けて，この2つの団体が資金提供して，1973年に設立されたオーストラリア会計調査財団の委員会に規範設定活動が統合された。同時に，オーストラリア政府により会計基準レビュー審議会が設置された。会計基準レビュー審議会は，基準開発の支持，公聴会の実施，専門家の諮問，公的請願，基準の検査と承認を行うことを任務とし，会計基準レビュー審議会の承認した基準に対し，政府が拒否権を有している。このため，会計基準レビュー審議会が承認した基準が法的な拘束を有するが，その適用が真実かつ公正な概観（true and fair view）を侵害している場合は，財務諸表作成者および決算書監査人により離脱が理由づけられるなら

ば，基準からの離脱は可能である。会計基準レビュー審議会の場合，基準は，私的セクターで開発されるが，国の機関によって法的効力を付与された。このため，規範設定プロセスは，純粋に国でもなければ，純粋に私的なものでもなかった(30)。

他方で，オーストラリアにおいて，規範設定機関として，オーストラリア会計基準レビュー審議会とオーストラリア会計調査財団の2つが並存する状況がみられたため，1988年にオーストラリア会計調査財団の委員会を解散し，オーストラリア会計基準レビュー審議会に規範設定機関を統合した。その結果，オーストラリア会計調査財団は，オーストラリア会計基準レビュー審議会を管理する業務を行うこととなった(31)。

その後，1991年に会計基準レビュー審議会は，オーストラリア会計基準審議会に組織変更された。オーストラリア会計基準審議会の委員は，法務大臣により兼職で任命された者から成り，アメリカのデュープロセスを採用した。オーストラリア会計基準審議会が承認した基準が官報で公告され，議会の両院で公表される。この意味で，オーストラリアの会計規範は，私的にも，公的にも権威を付与されている(32)。

以上がブライデンバッハの所説で展開された各国の会計領域における規範設定プロセスの形成可能性に関する論説であるが，これらの各国の事例から，ブライデンバッハは，必要な判断基準として次の点を摘出している(33)。
　―専門的に創設し，堅固に，できるだけ多くの利害関係を考量した規範設定の保証
　―変化する枠組み条件に関する弾力性と新しい認識
　―規範設定プロセスの透明性
　―費用便益関係
　―規範の一般的承認の達成と適用

しかしながら，ブライデンバッハは，この判断基準からみても，立法機関による規範設定と私的委員会による規範設定のいずれによっても最適の形成可能性はなく，「規範設定の王道」(34)はないと考える。このため，規範設定プロセスの形成可能性のメリット・デメリット，そして，各国における枠組み条件を考慮に入れた検討が必要であり，「ドイツの会計領域における規範設定プロセ

スの前進の可能性」[35]に関する論点整理が行われる必要があるというのである。

(3) ドイツの会計領域の規範設定プロセスの要件

ブライデンバッハは，会計領域における規範設定プロセスの形成可能性に関説した後，それでは，ドイツが国際的調和化のプロセスに参入していくことを保証するためには，ドイツの規範設定プロセスの変更がどのようになされるべきであるかが立論されることが重要であるとし，以下のことを論点とした検討を行う。

―国際的規範のための法律上の規範設定の開放[36]
―会計規範の命令に関する政府授権[37]
―会計委員会の設置[38]

① 国際的規範のための法律上の規範設定の開放

ブライデンバッハは，まず第1の論点である国際的規範のための法律上の規範設定の開放に関し，これを議論する際の「法的可能性と前提条件」[39]を検討する必要があるとする。すなわち，国際的に認められた規範（US-GAAP/IASおよびEU会計指令）へのドイツの法律の開放という場合に，第1に，国際的規範のドイツの法律への編入，第2に，ドイツの法律の規定への準拠の指示という2つの可能性があると考えられるとし[40]，この2つの可能性について，次のような論究を行っている。

第1の国際的規範のドイツの法律への編入というのは，国際的規範を商法が選択権として受け入れるとするものである。だが，このような開放の方法は，憲法に一致しているものの，規範設定プロセスの基本的な変更を意味するものではない。そして，国際的規範に含まれている選択権は全面的に受け入れられるのではなく，許容される処理方法の一部だけが法律に受け入れられるに過ぎない。また，国際的規範の変更があるため，立法手続きが頻繁に実施されなければならないという欠陥もある[41]。

第2のドイツの法律規定への準拠の指示ということについても，法律発効時

に有効な特定の条文にかかわっている場合は，指示する個々の規定が成文法に明示されていないが，指示する規範が変更になれば，法律の改正が必要となり，この点で，前者の編入と同じ欠陥を抱え込む。また，そのときに有効な別の条文への指示にかかわっている場合は，指示規範の変更にもとづき法律改正が必要ではないという長所がある反面，これは，憲法の法治国家原則に反することになり，憲法上の疑義にもとづきこのような指示の仕方による国際的な会計規範の受け入れは可能ではない。さらに，このような法律への直接的な準拠を指示することのほかに，立法機関が正規の簿記の諸原則（GoB）のような一般に認められた規準への指示を行うことも可能であるが，この点についても，慎重原則が一般に認められた規準であるが，ドイツの正規の簿記の諸原則（GoB），US-GAAP，さらにIASCの概念フレームワークのいずれにおいても，解釈が異なっているため，実際の実行可能性は疑わしい。このため，国際的規範への間接的な指示については，ドイツの法律への受け入れの可能性は考えられない(42)。

このことから，ブライデンバッハによれば，国際的規範への開放の仕方として，商法の選択権とか，また，法律への指示といった方法では不十分であった。このため，国際的な開放として，HGB第292a条の免責条項が考えられた。すなわち，ドイツ企業は，HGB第292a条の免責条項により国際的または海外の規範で作成した連結決算書を認められることで，国際的会計規範の適用を行った。これは，個々の国際的規範がドイツの法律に受け入れられたのではなく，ドイツ外の規定に準拠して作成した決算書が免責決算書として受け入れられ，ドイツ企業がドイツ法から解除されたということである。しかし，ドイツの立法機関が免責の許容を制限または廃止することができることから，ドイツの立法権限の制限はないということではないが，少なくとも許容の期間においては，ドイツの立法機関は，憲法違反と思われる特定の企業に関する管轄権限を放棄している(43)。

ブライデンバッハは，このように指摘したうえで，この点で，免責条項に関し，第1に，ドイツの成文法規範の遵守からドイツ企業が部分的に免責されて

いることが国内で許容されるかどうか，また，第2に，限定された企業に対し，免責の適用を制限する可能性が存しているのかどうか，このことが解明される必要があるという[44]。

　第1の点について，ブライデンバッハは，次のように論述する。ドイツの成文法規範の遵守からのドイツ企業の部分的な免責は，もしその免責が他のドイツの規定に反している場合には許容することができない。つまり，免責がドイツの成文法の目標を妨害してはならない。このため，国際的規範の適用の許容がドイツの立法の目標と対立すると思われる場合は，その許容が立法機関の目標の変更とか，目標の重点の変更を表わしていないかどうかを検討する必要がある。換言すれば，会計規制は，投資家と財務諸表作成者の異なった利害を考慮したものでなければならない。したがって，立法機関は，規範設定にあたって投資家保護と企業の行動の自由を互いに考量しなければならない。経済のグローバル化が海外の資本市場へのドイツ企業の進出を高め，そのことで，ドイツ企業が商法基準の連結決算書とともに，海外の資本市場で認められた基準で連結決算書を作成する必要に迫られたことから，立法機関は，種々の利害関係を新たに考量する必要が生じた。その結果，世界的に受け入れられる連結決算書だけを作成する可能性を求める企業の必要性の方が財務諸表の利用者の利害の保護よりも優先されることとなり，1997年当時の計画中の部分的なドイツ法からのドイツ企業の免責が可能と考えられたのである[45]。

　さらに，ブライデンバッハは，第2の点について，次のように論述する。一部の企業にドイツ規範の遵守からの免責を制限することは，憲法第3条1項の法の下の平等に反する可能性がある。しかし，憲法第3条1項の法の下の平等に反するというのは，恣意的な場合であって，正当な理由があれば違反にあたらない。海外の資本市場を必要としている企業の国際または海外の規準に準拠した連結決算書の許容は，国際または海外の規範に準拠した連結決算書の公表が商法に準拠した連結決算書に比べてメリットがあるとしても，海外市場の上場の資格のない企業には不利益を与えることになる。しかし，商法準拠を免責されるというメリットは，外国の資本市場に上場している企業だけでなく，海

外の市場で取引をしている企業にも当てはまる。さらに，ドイツの資本市場においても，国際または海外の規範に準拠した連結決算書が商法準拠の連結決算書よりも幅広く受け入れられる可能性がある。このため，投資家が投資意思決定を連結決算書にもとづき行う限り，国内と国際の2つの連結決算書の作成という負担を軽減した免責連結決算書を作成・公表する可能性が認められるべきである。しかも，そのような免責条項を資本会社に限定する理由はなく，海外市場での資本調達を必要とする人的会社の法形態を採る親企業にも認められるべきである。ただし，この点については，憲法第3条1項に違反する可能性もあるから，差別化に理由があるかどうか批判的に調べる必要がある[46]。

ブライデンバッハは，国際的規範のための法律上の規範設定の開放に関する法的可能性と前提条件について，このような所説を展開しているが，その際，「連結決算書に関する法律の規定の開放の場合の会計システムへの作用」[47]についても検討しておく必要があるとし，以下の論究をしている。

第1に，ドイツ会計の国際的調和化に向けた開放が連結決算書に限定されているため，税額・利益配当の算定が親企業の個別決算書にもとづくことから，国際的・海外の規範の連結決算書の適用が親企業の個別決算書とは完全に分離されると考えられるが，このことについての検討が必要である。さらに，第2に，免責条項にもとづく開放がどのような対象に向けられているかという点について，企業グループの大きさ，証券取引所上場，海外と国内，国際的結合といった差別化の指標があるが，そのような差別化が憲法第3条1項の法の下の平等に反するかどうかといった点も検討する必要がある。また，第3に，適用される国際的規範システムがUS-GAAP/IAS/EU会計指令のどれであるのかといった点も，検討が必要である[48]。

そして，これらの点の検討を行うなかで，ブライデンバッハは，「国際的規範に関するドイツ法の開放」[49]に向け，「ドイツ会計システムの個々の因子への作用」[50]に立法機関，裁判所，企業，経済監査士，財務諸表利用者，専門科学がどのようにかかわっているのかが検討されなければならないと考える。

② 会計規範の命令に関する政府授権

ブライデンバッハがドイツの会計領域の規範設定プロセスに関わる第2の論点として取り上げているのが会計規範の命令に関する政府授権である。

ブライデンバッハは，この第2の論点について，次のように論述している。連邦政府または地方政府に対し，法律により法規命令への授権をすることを憲法第80条1項1文が認めている。法規命令は，議会の立法権限を行政に一部委譲することで立法機関の負担を軽減する。このため，法規命令の行政への授権によって，国際的な会計規制の領域においても，ドイツ法への受け入れの規範設定プロセスが成文法での対応に比してより弾力的になる。立法機関は，行政への授権により法設定権限を失うのではなく，授権を廃止することでいつでも規制を自ら行う議会の立法機関としての優位を保つことができる(51)。

同時に，憲法第80条1項2文は，法規命令授権に関し，授権法でその内容，目的，範囲を定めることを求めている。これは，法規命令の授権のより詳細な条件を要請したものではないが，会計規制に関し法規命令への授権をした法律が将来の予測できない発展と必要性への規範の適応に関連して憲法第80条1項2文を充たすことができるのかという点について議論がある。この点で，企業の会計が本質的に憲法第14条の株主の所有権の保護を行い，法律上の規準の憲法に適合した介入を必要としているから，法規命令による会計の規範設定が原則的に認められるものでないとの議論もある(52)。

ブライデンバッハは，政府授権に関し，このように述べ，ドイツで会計規範の法規命令の事例として病院会計命令，銀行会計命令，保険会計命令にみられ，特定の業種に法規命令の会計規制が行われているが，しかし，重要な点は，これらの法規命令に憲法への目的適合性がなければならないことを強調している(53)。

「会計領域の法規命令による規範設定の可能性を判断するために，会計規定がどの程度に憲法に適合しているかということが先ず第1に決定されなければならない」(54)。

この点で，憲法第14条に関連した目的適合性が財務諸表の情報提供に見出さ

第5章　ドイツ会計基準委員会の設置と国家の規制責任　155

れるという。ブライデンバッハは，このように考えれば，会計領域の法規命令による行政への授権を全面的に認めないということはできず，成文法による全面的な規制でなく，枠組み条件の変化に柔軟に対応することが求められると指摘している[55]。

ブライデンバッハは，「会計規範の法規命令の行政への授権は，法律よりも低い民主主義的な正当性をもった拘束的な規範の存在」[56]であるが，他方で，枠組み条件の変化に対応した会計規範の適応の可能性と新しい認識が改善されるという点で，規範設定プロセスの促進が図られるし，また，ドイツ会計の国際的調和化プロセスへの参加に関しても，成文法の開放がないので，ほとんど変化がみられず，この点でも，法規命令の方が法律よりも，国際化対応が迅速に可能になると考える[57]。

しかし，ブライデンバッハは，その反面で，議会での公開の議論がなく，法規命令の理由説明の一般的な義務もないため「規範設定プロセスの透明性」[58]に欠ける点に問題があることを強調している。このため，会計領域の規範設定の行政への授権という方式は，枠組み条件の変化への柔軟性に優れているが，立法に比べて透明性が低いという欠陥があるとの批判的な検討結果を示している[59]。

③　会計委員会の設置

ブライデンバッハは，政府授権方式への問題点を指摘し，第3の論点である会計委員会設置について，ドイツでも検討に値するものとして次のように所説を展開している。ブライデンバッハによれば，1990年代の初め頃から具体化の議論が起きてきた会計委員会の潜在的な任務として，
　―会計領域での利害関係者の調整，共通の観点，国際機関への代表
　―ドイツの会計法への国際的な規範の受け入れと解釈に関する意思決定
があると考えられていた[60]。その際，重要な点は，会計委員会に権威があるかどうかということであった。そこで，すでに，ドイツにおいて「規範設定の委員会の範例」[61]として，その権威を認められているのがドイツ工業規格協会（DIN）である。このドイツ工業規格協会（DIN）は，独自の標準を規範化

する私的な委員会であり，私的な会計委員会に共通する点がある(62)。

ブライデンバッハは，このように，ドイツ工業規格協会（DIN）の範例を挙げて，ドイツにおける会計委員会の設置に関しては，第1に，「会計委員会の原則的に可能な任務」(63)が何かという点，また，第2に，「会計委員会の形成の指標」(64)が何かという点が具体的に検討される必要があるとし，この2つの点について，次のような考えを示している。

第1のドイツ会計委員会に委譲される任務として，
―会計規制を担う国家の機関への助言
―会計基準の独自の開発と公表
―会計領域における職業教育の振興
―会計領域における研究プロジェクトの調整，振興，実施
―会計領域における個別問題の解決にあたっての企業への助言
―国内・国際機関における利益代表

が考えられる(65)。そして，これの任務を委譲されるドイツの会計委員会に対し，
―規準の欠缺をもたらし得る枠組み条件の変化に対する弾力性の低さ
―会計の国際的調和化プロセスへのドイツの参加の可能性の不十分さ

をいかに克服するかが期待されている(66)。

第2のドイツ会計委員会の設置に関しては，
―会計委員会の設置形態が国家委員会なのか，私的委員会なのか，
―イギリスの会計基準審議会（ASB）やアメリカの財務会計基準審議会（FASB）のような委員会なのか，行政組織に組み込まれた委員会なのか，
―会計委員会の構成をどのようにし，委員を誰が任命するのか，
―会計委員会が勧告をどのような方法で開発し，どのように決定すべきか，

といったことが委員会の形成の指標となる(67)。

ブライデンバッハは，この2つの点を批判的に検討していけば，アメリカやイギリスにみられるような委員会設置によって会計領域の規範設定を行うことがドイツの法設定と会計の伝統とか，その枠組み条件からみれば，現在のところ実施可能と考えることができず，むしろ，純粋の審議機関として，または幅広い権限を有したドイツの規範設定プロセスに会計委員会の設置を統合させて

いくことの方が会計の国際的調和化プロセスに関連して有効であると考える。そして，この会計委員会の設置が長期にわたって他国と同じような規範設定の役割を果たしていくためには，会計委員会の活動が最終的に承認される必要があることを強調している[68]。

(4) ブライデンバッハの所説の特徴と結論

　ブライデンバッハの所説の特徴は，ドイツの「会計領域における規範設定プロセス」[69]が会計調和化の国際的プロセスと企業による国際的会計規範の適用への対応という枠組み条件の変化のなかでどのような将来方向を描くことが可能であるかを国際比較会計制度論の視点から論究している点にある。また，ブライデンバッハの所説は，1997年時点での論究であるため，1998年の会計改革関連法（資本調達容易化法と企業領域統制・透明化法）の立法過程中のものであるが，企業領域統制・透明化法で措置された会計基準設定機構を想定した論点の整理を行った点にも特徴がある。

　ブライデンバッハの所説の核心部分は，1998年会計改革関連法のHGB第292a条の連結決算書の免責条項を踏まえた上で，国際化への開放の会計規範設定システムに関し，3つの選択肢があることを取り上げ，立法機関における成文法方式については批判的な立場を採り，また，行政の法規命令方式による会計領域の規範設定については，それが憲法に適合する限り，有用なこともあると考える。だが，ブライデンバッハの所説が注目したのは，第3の選択肢である会計委員会による規範設定の方式であった。しかし，この会計委員会方式に関しても，①設置形態が私的な委員会か，国家の委員会か，②特定の利害関係者グループの支配を排除するための委員構成をどうするか，③委員会の財政をどう賄うか，国費支弁か，会費制か，といった問題があるが，利害関係者間の直接のコミュニケーションを図り，会計領域の規範設定プロセスの改善をもたらす点で，会計委員会の設置が望ましいと主張する[70]。

　しかし，ブライデンバッハの所説は，会計委員会方式を支持するが，その設置形態に関しては，私的会計委員会の設置を支持する。同時にまた，すべての

会計規範設定プロセスが私的会計委員会の自己責任に委ねられるのは，憲法上可能ではないから，立法機関が引き続き原則的な意思決定に関わっている必要がある点を強調している[71]。

ブライデンバッハの所説で指摘されるこれらの点は，その後，1998年に創設された，HGB第342条にもとづくドイツ会計基準委員会（DRSC）に向けた論点の整理を行ったものである。ブライデンバッハの所説が目指したのは，私的会計委員会方式で個々の利害関係グループがこれまで以上に強く規範設定プロセスに関与することになるから，同時に，国家が観察者として規範設定プロセスに関わり，命令者として最終的な責任を果たすという点にあった[72]。

第2節　ベアベリッヒの「憲法に合致した社会的な自主的統制」

(1) ベアベリッヒの所説の論点

ベアベリッヒの所説で取り上げられている論点は，企業会計法における「憲法に合致した自主的統制システムの要請」[73]が重要な時代のテーマであるということである。

ベアベリッヒの指摘によれば，ドイツ会計基準委員会（DRSC）の創設に至る時代背景にあるのは，ドイツ会計が遭遇した国際的およびヨーロッパの発展とそれに対応した国内の発展といった制約条件に他ならないが，このことに関し，ベアベリッヒは，次のような問題認識をもっている。ドイツ会計は変革のなかにある。世界の国際資本市場から多数のメッセージが発せられ，資本維持による制度的な債権者保護から離れて，経済的情報を求められる方向にドイツはある。これに応えて，ドイツの立法機関は，HGB第292a条，第342条，第342a条を時限的に措置した。しかし，ドイツの企業会計法の必要な再構築にとって，私的専門家の協力が不可欠となっている。

このような時代背景のなかで，ベアベリッヒがドイツ企業会計法に突きつけられた要所が憲法に合致した社会的な自主的統制のもとでの「企業会計法にお

第5章　ドイツ会計基準委員会の設置と国家の規制責任　*159*

ける私的な専門的知識」[74] の関わり方であったというのである。この私的な専門知識の基準設定への関わり方は「新しい事実」[75] ではなく，1985年のEUの会計指令の変換プロセスにおいても，経営経済学教授連合，経済最高団体，経済監査士協会の意見書に代表されるような例がすでにみられたし，とくに，正規の簿記の諸原則（GoB）委員会の設置構想もあった[76]。その後，20数年の歳月を経て，1998年の企業領域統制・透明化法にもとづき，「企業会計法における私的な基準設定（private Standardsetzung im Bilanzrecht）」[77] の道が将来に向けて開かれた。

　ベアベリッヒが注目するのは，ドイツ企業会計法の「基準の充実を担った新しい機関」[78] として設置されたHGB第342条の私的会計委員会のもとで私的な専門知識の支援への期待と連邦法務省の「私的な自主的統制と国家の規制責任」[79] という点である。

　以下，ベアベリッヒの所説に関し，①一般条項と私的な基準設定[80]，②統制と統制責任[81] といった一般論を経て，これらの論点をより具体適用した③企業会計法への移転[82]，④統制モデルからみたHGB第342条2項の解釈[83] について究明し，私的な自主的統制と国家の規制責任がドイツ会計基準委員会（DRSC）のフレームワークとすべきであるとする立論を明らかにしたい。

(2)　一般条項と私的な基準設定

　ベアベリッヒがまず取り上げている第1の論点は，一般条項と私的な基準設定というテーマである。ベアベリッヒの論述によれば，HGB第342条2項が私的な専門家委員会により形成された会計基準に法的な目的適合性を付与し，連邦法務省から公告されたドイツ会計基準（DRS）が連結会計に関する正規の簿記の諸原則（GoB）であると法的に推定されるが，ドイツ会計基準に拘束性があるのかどうか，また，成文法規範とどう関係しているのかといった点が未解決とされている[84]。このため，「国家外の規範」[85] が法秩序のなかでどのように位置づけられるかが社会的な自主的統制モデルとして検討する必要があるというのである。

このため，ベアベリッヒが検討の必要性を指摘するのは，「国家の機関と私的な専門知識との協力」[86]がHGB第342条の私的委員会方式とHGB第342a条の国家主導の専門家委員会方式のいずれの場合にも貫かれていたが，とくに私的委員会方式に関わって，私的に設定された基準が法規範として変換される必要があったことである[87]。

「私的に設定された規準は，それ自体になんらの法的効力を要請することができず，裸のままの専門規範としては，法規範の設定が民主主義的に正当な法設定機関の管轄領域に属しているという法的拘束力に欠けている。そのため，私的な規準に法的な効力を付与するには，規範的なレベルへの変換が必要となる」[88]。

このため，私的な基準を法規範に変換する法技術として採用されたのが「一般条項による私的な基準設定の受容」[89]，つまり，「法律の下位のレベルで私的な機関が設定した規準を法律上の一般条項の具体化として組み入れる」[90]という考え方である。しかし，一般条項が私的な基準設定の受容という機能のメカニズムを果たすが，それだけでは「機能のメカニズム」[91]が不十分にしか働かないため，「専門科学の認識」[92]と「政治的および法的な価値判断」[93]がこれを補充する必要がある。

ベアベリッヒは，このように，一般条項の機能のメカニズムに言及した後，具体的に，「企業会計法上の一般条項」[94]として，「企業会計法に移転」[95]されるが，その企業会計法上の一般条項が正規の簿記の諸原則（GoB）であると指摘している。

そこで，ベアベリッヒが一般条項としての正規の簿記の諸原則（GoB）についてどう捉えているかというと，次のような理解であった。正規の簿記の諸原則（GoB）は，簿記および連結・個別決算書に及ぶものであり，そのうち，連結決算書に関する正規の簿記の諸原則（GoB）として推定されるのが連邦法務省から公告されるドイツ会計基準である。このドイツ会計基準は，HGB第342条2項にもとづき創設されたドイツ会計基準委員会（DRSC）が開発・勧告する。その際に，私的な基準設定それ自体には法的な効力がないから，ドイツ会計基準に法規範の効果を持たせるために，連邦法務省の公告が求められる[96]。

このように，企業会計法上の一般条項として，正規の簿記の諸原則（GoB）

第5章　ドイツ会計基準委員会の設置と国家の規制責任　*161*

が置かれているが，正規の簿記の諸原則（GoB）の法律上の明示は，1897年HGBを嚆矢として，その後，1931年株式法，1937年株式法，1965年株式法，1985年HGBを経て，1998年HGBに継承されている。とくに，この経緯のなかで，ベアベリッヒが注視したのが「企業会計法における私的な会計基準設定について，1998年HGB第342条2項が正規の簿記の諸原則（GoB）とドイツ会計基準（DRS）を結びつけた」[97]という点である。

すなわち，ベアベリッヒによれば，正規の簿記の諸原則（GoB）について1998年HGB第342条2項が注目されるのは，商慣習，経営経済学の専門規範，法規範，法解釈といった解釈論の変遷[98]を経た後に，「正規の簿記の諸原則の現代的解釈」[99]が行われ，
　―正規の簿記の諸原則（GoB）は，法源論的にアングロサクソンの商人の専門規準としての会計処理と違って，成文ではあるが，法律下位の法規範を表している，
　―正規の簿記の諸原則（GoB）は，法の適用者が法律上の目標である個別決算書の保護目的から具体的な会計処理問題の解決を行うことのできる欠陥のないシステムを形成している，
と考えられる点にある[100]。

この場合に，正規の簿記の諸原則（GoB）の現代的解釈が何を求めているかというと，HGB第342条2項により，私的なドイツ会計基準が正規の簿記の諸原則（GoB）として直接的に受け入れられるためには，法律下位の会計処理基準の形成が法律上の目標・目的から演繹されるとする憲法を考慮することであり，ここに，「商法会計の機能と目的（Funktionen und Zwecke der Handelsbilanz）」[101]が結び付いてくるとベアベリッヒは考える。

だが，この場合の商法会計の機能と目的というのは，「連結決算書と個別決算書の実質的な結合関係」[102]からみれば，情報提供という目的であるが，商人一般に関するHGB第238条以下の企業会計法の一般条項と資本会社に関するHGB第264条2項の一般条項との間に明白な境界が引かれている点に留意する必要があるとし，以下のようにもいう[103]。

1985年HGB改正（会計指令法）は，配当計算目的とともに，会計報告責任目的と情報提供義務のヨーロッパの基本的な思考をすべての商人に適用すること

を回避しようとした。しかし，ヨーロッパの資本会社の個別決算書が資本維持とともに，情報提供に関係していることから，連結・個別の決算書間の目的の分離は必然的なことでもない。税務上の影響から解放されれば，個別決算書が情報提供の任務を履行することができる。個別決算書は，株主の配当請求権を測定し，同時に，資本維持の保護に役立つとともに，その一方で，外部・内部の資本提供者，さらに，公開会社の場合の幅広い一般公衆に対する情報媒体である。連結決算書は，結合企業の個別決算書には明示されない企業結合に関する幅広い情報提供を行う[104]。

この意味から，情報提供の任務に関し，連結・個別決算書はともに商法会計の機能と目的を共有している。この結果，現行法では，ドイツの立法機関がドイツ会計基準委員会（DRSC）に対し，連結決算書に関してのみ会計処理基準を勧告するために独自に開発する権限をHGB第342条1項1文1号において与え，それ以外については，助言する活動を認めているに過ぎない（HGB第342条1項1文2号）が，ドイツ会計基準委員会（DRSC）の権限が連結決算書に限定されるだけでなく，個別決算書も対象とされるべきである[105]。すなわち，連結・個別決算書について，商法会計の機能と目的が情報提供という任務に関し共有される限り，ドイツ会計基準委員会（DRSC）の私的基準設定の対象となり得るということであり，このため，資本維持と情報提供とを差別化した解釈が成り立つ[106]。

このことから，ベアベリッヒは，連結決算書に関する正規の簿記の諸原則（GoB）を開発・勧告するというドイツ会計基準委員会（DRSC）に関する制約条件を外すため，ドイツ会計基準委員会（DRSC）の任務を定めた第342条2項に関する解釈論をあらためて展開していく必要があると考える。そして，HGB第342条2項の解釈に関して，ベアベリッヒは，次のような所説を主張している。

「会計処理基準の設定は，価値のある意思決定を行ったものとして理解されるべきものである。ドイツ会計基準が連邦法務省の公告前の提案であるという状況では，商法会計の問題の解決のための裸の拘束力のない勧告であるに過ぎないとしても，勧告をした専門家委員会は，必然的に法的な価値判断をしたものである」[107]。

そのため，情報提供の任務を共有する連結・個別決算書の実質的な結合関係をもとにした「企業会計法における基準設定に私的な専門家が参加するモデルの構築」[108] が検討される必要がある。そのモデルが企業会計法における憲法に合致した社会的自主統制である。

(3) 社会的な自主的統制と国家の統制責任
① 会計人の自治権による私的な基準設定と憲法の民主主義的な正当化

ベアベリッヒが立論する社会的な自主統制と国家の統制責任というモデルは，「民主主義原則と私的な基準設定」[109] という論点から議論が始まる。すなわち，企業会計法の法的拘束力のある規範創出は，委員会作業の民主的な正当化のもとでの高い価値判断にもとづき行われる必要がある。専門家の勧告への立法機関の統制がなければ，憲法から持続的に解放されるから，HGB第342条2項をこのように解釈することは，憲法違反である[110]。それゆえ，HGB第342条2項が私的な勧告の意義を推定によって強めるべきであり，「HGB第342条2項の意義のある事物の本性に合致した解釈のために，ドイツ会計基準委員会（DRSC）の民主的な正当化の可能性」[111] が重要な意味をもつ。

この場合に，ベアベリッヒがいうドイツ会計基準委員会（DRSC）の民主的な正当化の可能性というのは，第1に，HGB第342条が要件としている「会計人が部分国民（Teilvolk）」[112] であるかどうか，また，第2に，「自主的な統制の自治権」[113] があるかどうかということをメルクマールとしている。

第1の点について，法規範命令は，公権力の行使であり，憲法第20条2項1文によれば，国家権力は国民に由来する。憲法の民主主義の原則は，国民から発し，統治を担う国家機関で終わる不可侵の正当化の連鎖を要請している。憲法第20条2項1文の意味における国民とは全体としての国民であり，憲法は，専門家としての部分国民を認めていない。このため，憲法は，一般的な拘束力をもつ規範を特定の利害関係者によってのみ形成することを禁止している。全体としての国民のみが民主主義的正当化の権能を有している。このことから，ドイツ会計基準委員会（DRSC）の勧告における会計人の価値判断は，明らか

に全体としての国民にフィードバックされておらず，HGB第342条1項2文が協力の可能性を専門家としての部分国民である会計人に限定し，会計人がドイツ会計基準委員会（DRSC）を支えて規範設定作業を行うというのは，憲法の要請する民主主義的な正当化から外れている。この限りで考えれば，ドイツ会計基準が基準としての一般的な承認を得ることはできない[114]。

第2の点について，法的に拘束力を有する会計処理の基準の命令を商人の自主的統制の任務として解釈され得ないかどうか，つまり，職業団体が自主的な法的拘束力を有する基準形成をするために，利益共同体に国家権力が権限委譲を付与することができるかどうかが検討される。この法設定権限は，自主的な法設定に利害関係を有するグループに限定されていることは明白である。このため，会計処理の基準についても，会計人だけが関わるのではなく，すべての人が関わり，そのなかで，会計人のもつ専門的知識が必要とされるに過ぎない。会計人に法設定の権力が属しているということではない。この限りで考えるならば，企業会計法の拘束力を有する基準の設定を自主的な統制から概念づけることはできない[115]。

ベアベリッヒは，以上のメルクマールから，ドイツ会計基準委員会（DRSC）が一般に拘束力を有する会計処理の基準を命令するということは，憲法上に正当化されている国家権力の行使を表すものでなく，このため，ドイツ会計基準委員会（DRSC）が民主主義的な正当化を主張することはできないとしている[116]。

② 憲法に合致した自主的な統制論

ここで，ベアベリッヒは，憲法に合致した自主的な統制ということが何かを問う。この論点を明確にするために，ベアベリッヒは，「国家の理解と現実」[117]ということについて，次のような考察を行っている。

近年起きている現実からの認識によれば，国家の意思決定の担い手について，複雑かつ多様な統制の任務を国家の自己の権力の完全無欠にもとづき維持することができず，このため，ますます多くの分野の民間の協力が必要となっている。国家権力の目的適合的な行使にとって，多くの専門的知識が要請され

る。したがって，このような時代の特徴に対し，立法機関は，企業会計法に関し認識を深めて，私的会計委員会の制度化の可能性を考えるべきである[118]。

このことは，ベアベリッヒによれば，「専門的知識と国家権力の関係」[119]を問うものとなるが，しかし，国家行為が民間部門の編入のもとで機能することができる一方で，このことが民主主義の原則の制限や国家の統制権力を制限し，完全な規制緩和へ転換したものではなく，国家の民主主義的な正当化の完全な放棄を認めたものであってはならない。国家の統制および最終的な意思決定のなかで，規範設定に関し，民間の共同決定が結びつくことができる。このような専門的知識と国家権力の関係は，ドイツ会計基準委員会（DRSC）と連邦法務省との間の協約のなかに見出される[120]。

ベアベリッヒが「憲法に合致した自主的統制システムへの要請」[121]として期待することは，第1に，国家が手続きの統制によって私的な法発見を抑制し，第2に，国家が私的な基準設定に対する実質的な枠組みを規則化し，第3に，国家が結果責任を負うことで民主主義的な正当化を図るということである[122]。なかでも，彼にとって，第3の点が重要である。すなわち，一般的な拘束力を有する法の設定を正当化する国家機関が私的委員会の勧告を法的な価値判断にもとづき検討し，その責任領域で積極的な結論を得たものについて受け入れ，このことによって，正当性の高い水準で，憲法が要請した規準の法的な妥当性を得ることができるということである[123]。

③ 自主的な統制と国家の統制責任の企業会計法への移転

ベアベリッヒは，次に，この憲法に合致した自主的な統制システムの要請に関する3つの要件が企業会計法へ移転した場合にどうなるか，それぞれについて考察していく。

第1の点について，「手続きの統制の欠如」[124]が指摘される。手続きの統制という論点をHGB第342条およびドイツ会計基準委員会（DRSC）の基準設定に移転させた場合に，手続きを統制する必要がある。私的会計委員会の設置を定めたHGB第342条には，第342a条の公的な会計審議会の設置の場合と違って，委員任命や規準発見手続き等に関する規則がなかった。しかし，会計勧告

の開発への参加が会費支払いに依存することとなっている結果，大企業と監査法人が資金提供と基準設定へのマンパワーとノウハウの提供を行うことができ，中小企業の多くが排除されてしまうため，利害代表の構造的な不均等が生まれてしまった。このため，近々のうちに事後的統制が勧告されなければならないが，このことは，資金と密接に関係して委員会委員の独立性が問題である(125)。

　第2の点について，「実質的な統制の欠如」(126)がある。私的会計委員会との協力のために特別な実質的枠組みを法律に設けることを立法機関が放棄してしまい，HGB第342条2項により，連邦法務省の公告にもとづき，連結会計に関する正規の簿記の諸原則（GoB）の勧告の開発がドイツ会計基準委員会（DRSC）に委ねられた。ドイツ会計基準が法律の規定と矛盾してはならないということは，憲法の法律優先から自明である。この点で，ドイツ法は，会社法的な価値判断にもとづき，資本維持と会計報告責任を同じウエイトで考慮しており，どちらかを優先するものではなかった。このことからすれば，正規の簿記の諸原則の私的な形成に関連したドイツ会計基準委員会（DRSC）の価値判断の余地を制限する必要がある。もしそうでないと，ドイツ会計基準委員会（DRSC）は，従来の法の伝統から方向転換し，国際的な先例にしたがって，会計の受け手の保護を優先させ，資本維持を犠牲にして情報を重視するといった極端な立場を採ることができるようになる。こうした会計のパラダイム転換は，立法機関の手にある権限の委譲という課題を引き起こしている。すなわち，立法機関は，事後的に統制し，そして，会社法の価値判断を実施する一方で，国際的な発展に向けて開放するために，会計の概念フレームワークを他方で提供しなければならない。立法府の憲法上の幅広い形成の余地を非難することではなく，企業会計法に関する公共の福祉の契約の社会的な自主統制の憲法上の要求を充たす1つの可能性を提供することが考えられるべきである(127)。

　第3の点について，「国家の結果に対する統制の使命」(128)がある。この国家の結果責任の問題については，企業会計法の私的な基準設定に関する議論をみておく必要がある。企業会計法における立法機関のプライオリティーの設定

は，資本維持か，会計報告責任かを後回しにしなければならないが，これは会社法上の価値判断と矛盾している。それゆえ，これまで，この点は放棄されてきたし，プライオリティーを決めないで，正規の簿記の諸原則（GoB）の決定が引き続き価値判断の実行として行われている。その際，この価値判断の実行が長年の経験知によって保証される可能性もあるが，むしろ重要なのは，不確実な時代において，公共の福祉に必要な意思決定を行い，責任をとることが国家の仕事である。民主主義の原則から，ドイツ会計基準委員会（DRSC）の私的な会計勧告に対する政治的な結果責任は不可避的である。国家は，政治的な意思決定について，最終的な責任を民間に移転することは許されない[129]。

　このように，ベアベリッヒは，手続きの統制，実質の統制，国家の結果責任という3つの要件が企業会計法への自主的な統制モデルの移転にとって必要であるとし，そして，この自主的な統制モデルの企業会計法への移転という観点から，HGB第342条2項の解釈を行った場合に，ドイツ会計基準が連邦法務省の公告の前か後かでは，その意味が違ってくるため，公告の前のドイツ会計基準には，法的に完全な拘束力がないのに比べ，連邦法務省による公告の後では，HGB第342条2項がドイツ会計基準委員会（DRSC）の連結会計勧告に決定的な意義を与えると指摘している[130]。

（4）　自主的な統制モデルからのHGB第342条2項の解釈

　ベアベリッヒは，このように指摘し，自主的な統制モデルからみた場合のHGB第342条2項の解釈について，所説を次のように展開していく。HGB第342条2項が明示する要件事実とは，第1に，公告の対象とされているのが連結会計に関する原則の適用ための勧告であり，私的会計委員の権限は連結会計に限定されている，第2に，連結会計勧告が利害を有する公衆を含めた手続きで，会計人によって決定されるという委員会の承認を要請しており，しかも，行政によって継続的に統制が行われる手続きである，第3に，効力に関する検査の義務を連邦法務省に課している，第4に，ドイツ会計基準がすでに連邦官報に公示されているように，適正な方法で連邦法務省による公告が求められる

ことである[131]。

そして、このHGB第342条2項の要件事実の前提から、第1に、公告された勧告の適用にあたって、正規の連結会計の諸原則の遵守を推定（Vermutung）する手続き上の法的推定として解釈される、第2に、憲法で議論されている静的または動的な指示があるが、民主主義的な正当化の要請に反している静的な指示に対し、数多くの規範を具体化する動的な指示が許容されるといった法的結果が誘導される[132]。

ベアベリッヒは、このように述べて、HGB第342条2項の要件事実とその法的結果を民主義的に正当化する論拠づけのために「社会的な自主的統制の機関と国家の機関との協働作業」[133]によって形成されるドイツ会計基準が「規範を具体化する行政規則」[134]に類似したものであるとし、そのことを「HGB第342条2項の受容モデル」[135]に組み入れるべきであると考える。

ベアベリッヒの規範を具体化する行政規則という概念は、法律が行政に授権することでつくられ、「中間的に接続された規範の被膜」[136]を設けたものである。行政規則は、法律の下位にあって、法律の事実要件を具体化することで、上位の当局から下位の当局に指図するかたちで法律の適用を可能にするが、法律の優先のもとにある。このため、行政規則は、法律または法規命令と違って、当局内部において限定的に適用され、法律の優先を越えることができない[137]。この点で、行政規則は、当局内部の指図に過ぎず、拘束力をもたないが、「規範を具体化する行政規則の制限的な外部作用」[138]があり得るため、行政規則は、「低い質の法規範」[139]と考えられるとしている。

ドイツ会計基準（DRS）は、ベアベリッヒの所説によれば、この規範を具体化する行政規則に類似して、法律のような拘束力を有する法規ではないが、HGB第342条2項がその効力を要請することで誘導された効力が維持されることになる[140]。

(5) ベアベリッヒの所説の特徴と結論

ドイツ会計基準委員会（DRSC）の社会的な自主的統制モデルに関するベア

第5章　ドイツ会計基準委員会の設置と国家の規制責任　　*169*

ベアベリッヒの所説は，「立法機関にとっての1つのジレンマ」[141] から出発した。そのジレンマとは，国際的な企業会計法の規範設定では，私的な専門的知識だけが求められているが，ドイツの憲法は，そのような私的な専門的知識・プライベートセクターによる意思決定の一般的な拘束性を認めていない。企業会計法の規範設定の価値判断を私的な専門的知識・プライベートセクターに委ねることは，国家権力のすべての行為を貫いている民主主義的な正当化に欠けるものである[142]。このジレンマに対し，ベアベリッヒの所説が意識したのは，国家外の専門家委員会の価値判断に対し，国家の機関が必要な法的有効性を形成し得る事後的に民主主義的に正当化する可能性の道を探ることであった[143]。

このため，ドイツ会計基準委員会（DRSC）について，憲法の三権分立論から民主主義的な正当化プロセスとして立論しようとした点にベアベリッヒの所説の特徴があった。その所説では，1998年以前にあっては，民主的な検証機関としての裁判所による統制が大きな役割を果たしてきたが，1998年以降にあって，裁判所による統制のほかに，正規の簿記の諸原則（GoB）の規範的性格を変えることなしに，国家外の専門的知識の役割がドイツ会計基準委員会（DRSC）の創設というかたちのなかで重要な意義を得たことが論究されていた。

ベアベリッヒの所説で繰り返し強調されている論点は，立法と行政の国家内部における主権的な価値判断における権限分立に関する基本に立って，正規の簿記の諸原則（GoB）を立法機関が手放すことはあり得ないし，このために必要となる行政の最終的な結果に対する統制への要請も変わらないということである。その結果，行政は，法律と法（Gesetz und Recht）に拘束され，法律の優先が行政に対し，現行の法律に反した行為を禁止していることから，連邦法務省が法律に反したドイツ会計基準を公告することは許されないと立論されている[144]。

このベアベリッヒの立論から分かるように，立法機関における最終的な意思決定権限を手放すことなく，国家権力と私的な専門的知識との間の協働の作業を行うことがHGB第342条2項の連邦法務省の公告という方式のなかで担保さ

れた結果,ドイツ会計基準は,HGB第342条2項により,実質的に法律下位の会計処理の規範として不文の正規の簿記の諸原則(GoB)の性格を得た[145]。ドイツ会計基準委員会(DRSC)の開発・勧告したドイツ会計基準(DRS)草案が正規の簿記の諸原則(GoB)として行政により効力を与えられ,立法機関において,正規の簿記の諸原則(GoB)が法典化されると主張する[146]。

　ベアベリッヒの所説は,ドイツ会計基準委員会(DRSC)の創設を「強制的な国家による統制から手続きによる社会的な自主的統制への移行」[147]であると捉えたものであり,ドイツ会計基準委員会(DRSC)による私的な自主的統制に関し,その民主主義的な正当化を憲法秩序のなかで論拠づけようとした「立法愛国主義」[148]からのドイツ会計基準委員会(DRSC)の理論的枠組み論であった。

お わ り に

　ブライデンバッハとベアベリッヒの所説は,以上のように,ドイツ会計基準委員会(DRSC)に関する理論研究を行い,ドイツ会計基準委員会(DRSC)を支える理論的枠組み論の構築を図ったものであり,この両説から,ドイツ会計基準委員会(DRSC)に関する理論的な知見を得ることができる。

　ブライデンバッハの所説は,1998年のドイツ会計基準委員会(DRSC)の創設に向けたHGB第342条の立法過程における制度設計のフレームワークを提示し,ドイツの会計規範領域における規範設定プロセスに関する可能性を論究した。ブライデンバッハは,会計規範設定プロセスの可能性として,立法機関方式,政府授権の法規命令方式,会計委員会方式の3つの選択肢があることを仔細に検討し,現実的な選択肢として,会計委員会方式,なかでも私的会計委員会方式が望ましい姿であることを立論した。

　しかし,私的会計委員会方式の所説にあっても,ブライデンバッハが重要視した視点が会計委員会の権威づけということであった。つまり,ドイツの会計規範プロセスの発展可能性として,私的会計委員会方式という選択肢を採用するとしても,会計委員会の設置そのものを権威づけること,換言すれば,有力

な権威の支持が私的会計委員会方式に付与されることが必要不可欠であるということである。ドイツの場合，それが憲法秩序にもとづき国家が規制する責任を果たすという意味である。

以上，ブライデンバッハの所説は，国家の有力な権威の支持を背景とした私的会計委員会方式について，組織構造，任務規定等々を仔細に提言し，1998年以前のドイツ会計基準委員会（DRSC）の設置構想の理論的な枠組みを与えた。

このブライデンバッハの所説と同じように，国家の規制責任にもとづく私的会計委員会方式を立論したのがベアベリッヒの所説であった。ベアベリッヒは，1998年のドイツ会計基準委員会（DRSC）の設置後の現実を精察し，企業会計法の憲法に合致した社会的な自主的統制のモデルからドイツ会計基準委員会（DRSC）の理論的枠組みを立論した。このベアベリッヒの所説にあっても，ドイツの会計規範プロセスの新しい発展可能性において，私的な専門的知識の協力が必要であることが仔細に強調されている。しかし同時に，ベアベリッヒが重要視する視点が憲法秩序のなかで民主主義的な正当性を私的な専門的知識にもとづく会計規範設定プロセスに対し要請する立論であった。

ベアベリッヒは，HGB第342条に表現されている国家外の会計人による専門家委員会方式というものが憲法原則を背景として限界を有すると考える。企業会計法に必要な権限が会計人の自己責任を有した価値判断に委譲されたとしても，民主主義的な正当化を図る責任を国家の機関が担う必要が不可欠であるとする。しかし，この民主主義的な正当化は，国家機関による強制的な統制ではなく，手続きの統制にもとづく社会的な自主的統制でよいとしている。

このように，ブライデンバッハとベアベリッヒの両説が期せずして強調している論点は，憲法秩序のもとで，国家・政府機関という有力な権威の支持を得た私的会計委員会という立論である。そして，この点を明白に示すのが連邦法務省との契約でドイツ会計基準委員会（DRSC）が設置されたこと，さらに，付託された任務にもとづき開発された勧告・助言が連邦法務省の公告を得てはじめてドイツ会計基準（DRS）として効力を発するという仕組みであった。

本章でみたドイツ会計基準委員会（DRSC）の理論的枠組みに関する論説か

らは，各国の会計制度における有力な権威の支持の有様がそれぞれの国の会計規範設定プロセスにいかに決定的な影響を与えるものであったかを描き出していることがわかる。

注

(1) Niehus, R. J. [2000], S. 28.　(2) Breidenbach, K. [1997], S. 1-272.
(3) Berberich, J. [2002], S. 1-304.　(4) Breidenbach, K. [1997], S. 6.
(5) Ebenda, S. 65.　(6) Ebenda, S. 60, S. 62.　(7) Ebenda, S. 63, S. 66.
(8) Ebenda, S. 67-92,　(9) Ebenda, S. 67-75, S. 88, S. 91-92.　(10) Ebenda, S. 93.
(11) Ebenda, S. 96.　(12) Ebenda, S. 143.　(13) Ebenda, S. 228.
(14) Ebenda, S. 97.　(15) Ebenda, S. 98.　(16) Ebenda, S. 96.
(17) Ebenda, S. 97.　(18) Ebenda, S. 97-98.　(19) Ebenda, S. 98.
(20) Ebenda, S. 103.　(21) Ebenda, S. 125.　(22) Ebenda, S. 98-100.
(23) Ebenda, S. 103-108.　(24) Ebenda, S. 108-111.　(25) Ebenda, S. 111-112.
(26) Ebenda, S. 112.　(27) Ebenda, S. 113.　(28) Ebenda, S. 113-118.
(29) Ebenda, S. 119-125.　(30) Ebenda, S. 125-128.　(31) Ebenda, S. 127.
(32) Ebenda, S. 127-128.　(33) Ebenda, S. 133, S. 136, S. 138, S. 139, S. 141.
(34) Ebenda, S. 142.　(35)(36) Ebenda, S. 143.
(37) Ebenda, S. 169.　(38) Ebenda, S. 181.　(39) Ebenda, S. 143.
(40)(41) Ebenda, S. 144.　(42) Ebenda, S. 144-145.　(43) Ebenda, S. 146-147.
(44) Ebenda, S. 147.　(45) Ebenda, S. 148.　(46) Ebenda, S. 148-149.
(47) Ebenda, S. 149.　(48) Ebenda, S. 149-150.　(49) Ebenda, S. 143.
(50) Ebenda, S. 151.　(51) Ebenda, S. 169-170.　(52) Ebenda, S. 171.
(53) Ebenda, S. 173.　(54) Ebenda, S. 174.　(55) Ebenda, S. 174-175.
(56) Ebenda, S. 270.　(57) Ebenda, S. 175, S. 180.　(58) Ebenda, S. 180.
(59) Ebenda, S. 180-181.　(60) Ebenda, S. 182.　(61) Ebenda, S. 182.
(62) Ebenda, S. 183, S. 187.　(63) Ebenda, S. 187.　(64) Ebenda, S. 194.
(65) Ebenda, S. 187.　(66) Ebenda, S. 191.　(67) Ebenda, S. 194.
(68) Ebenda, S. 226.　(69) Ebenda, S. 227.　(70) Ebenda, S. 228-230.
(71) Ebenda, S. 230-231.　(72) Ebenda, S. 234.　(73) Berberich, J.[2002], S. 114.
(74)(75)(76)(77) Ebenda, S. 42.　(78) Ebenda, S. 43.　(79) Ebenda, S. 42.
(80) Ebenda, S. 51.　(81) Ebenda, S. 109.　(82) Ebenda, S. 116.
(83) Ebenda, S. 123.　(84)(85) Ebenda, S. 50.　(86) Ebenda, S. 51.
(87)(88) Ebenda, S. 53.　(89)(90)(91) Ebenda, S. 55.　(92)(93) Ebenda, S. 56.
(94)(95) Ebenda, S. 58.　(96) Ebenda, S. 58-59.　(97) Ebenda, S. 60-61.
(98) Ebenda, S. 66.　(99) Ebenda, S. 63-66.　(100) Ebenda, S. 66-67.
(101) Ebenda, S. 68.　(102) Ebenda, S. 77.　(103) Ebenda, S. 82-83.
(104) Ebenda, S. 104.　(105)(106) Ebenda, S. 75.　(107)(108) Ebenda, S. 108.

第5章　ドイツ会計基準委員会の設置と国家の規制責任　　*173*

(109)(110)(111)(112)　Ebenda, S. 109.　　(113)(114)　Ebenda, S. 110.
(115)　Ebenda, S. 110-111.　(116)　Ebenda, S. 111.　(117)(118)　Ebenda, S. 112.
(119)　Ebenda, S. 113.　(120)　Ebenda, S. 113-119.　(121)　Ebenda, S. 114.
(122)　Ebenda, S. 114-116.　(123)　Ebenda, S. 116.　(124)　Ebenda, S. 116.
(125)　Ebenda, S. 116-117.　(126)　Ebenda, S. 117.　(127)　Ebenda, S. 117-118.
(128)　Ebenda, S. 119.　(129)　Ebenda, S. 120-121.　(130)　Ebenda, S. 124.
(131)　Ebenda, S. 125.　(132)　Ebenda, S. 126-130.
(133)(134)(135)(136)　Ebenda, S. 130.　(137)　Ebenda, S. 132.
(138)(139)　Ebenda, S. 133.　(140)　Ebenda, S. 133-134.
(141)(142)　Ebenda, S. 271.　(143)　Ebenda, S. 272.　(144)　Ebenda, S. 236.
(145)　Ebenda, S. 137.　(146)　Ebenda, S. 136.　(147)　Ebenda, S. 158.
(148)　Niehus, R. J. [2000], S. 28.

参　考　文　献

Breidenbach, K. [1997], Normensetzung für die Rechnungslegung, Bisherige Ausgestaltung und mögliche Fortentwicklung in Deutschland, Wiesbaden.

Niehus, R. J. [2000], Der Reformbedarf im deutschen Bilanzrecht, in : Kleindiek, D. /Oehler, W., Die Zukunft des deutschen Bilanzrechts, Köln.

Berberich, J. [2002], Ein Framework für das DRSC, Modell einer verfassungskonformen gesellschaftlichen Selbststeuerung im Bilanzrecht, Berlin.

（木下　勝一）

第6章
ドイツの概念フレームワーク公開草案

はじめに —ドイツにおける概念フレームワーク草案—

ドイツ基準設定審議会（DSR）は，2002年7月19日，概念フレームワーク草案として「正規の会計の諸原則（GoR）」を公表したが，同草案に寄せられた各界の意見を検討したうえ近い将来正式に決定する予定である。これにより，ドイツの会計制度と会計基準は，国際財務報告基準（IFRS）／国際会計基準（IAS），EU会計指令およびドイツ商法典（HGB）会計規定との重層的な相互関係を築き上げることにより，国際資本市場と投資家を指向する情報提供と意思決定のための会計へ転換することになる。言い換えれば，概念フレームワーク草案は，債権者保護のために利益測定と課税所得計算に重点をおく商法上の正規の簿記の諸原則（GoB）とHGB会計規定を一新するだけでなく，EU委員会の「EUの会計戦略：将来措置」（2000年6月）を具体化した「IAS適用命令」（2002年7月）と，EU会計指令とIASとの調和を目標とする「EU会計指令の現代化」との，国際会計レベルと欧州会計レベルにおける国境を超えた会計改革をめぐる相互依存関係をつうじて，資本市場と投資家保護のための会計の大綱的原則として開発されたものである。

本章の目的は，さしあたり，ドイツの概念フレームワーク草案の項目別の内容とその提案理由を原資料にもとづいて忠実に分析することにある。この分析をつうじてEU委員会の新しい会計戦略と金融サービス行動計画の統合資本市場構想との関連において生じたドイツ会計の歴史的転回の背景とその将来を概観する。

第1節　ドイツ概念フレームワーク草案の理論構造

ドイツ基準設定審議会が公表した概念フレームワークの構成は，次のとおりである。

目的（条文番号1～2），地位（3），適用領域（4～6），会計の利用者（7～8），会計の目標設定（9～13），一般規範（14～16），情報原則と利益測定原則（17～42），会計の構成要素（43～61），決算書における計上，記録および説明（62～83），評価（84～110），会計の構成要素の分類（111～119），作成頻度（120），公開（121～122），ドイツ会計基準（DRS）の初回適用（123～125）。紙幅の関係から，本章では草案の条項についてのみ紹介する。

目　　的

1　概念フレームワークにおいて，正規の会計の諸原則（GoR）は作成される。会計は，文書作成，企業内情報および第三者への情報を提供する理由から過去期間と期待される企業発展について，商人または商人を除く他の会計義務を負う者の報告である。

　　GoRは，現行の法律および会計基準の解釈と継続的発展のための指針である。継続的発展のために，GoRは，現行の諸規定とは無関係に定式化されている。したがって，概念フレームワークの個別規定は，場合により法律および現行会計基準と一致していない。

2　概念フレームワークは，

　a　ドイツ基準設定審議会の専門的活動の前提条件になる，

　b　すべてのDRSを拘束する規定をふくむ，

　c　計上，評価，分類および規定されていない事象の説明と記載についての演繹の基礎である，

　d　DRSの適用者と決算書の利用者に対する理解と解釈の手助けになる[1]。

地　　位

3　概念フレームワークは，固有の事象を規定するドイツ会計基準（DRS）た

る地位をもたない。概念フレームワークは，会計の大綱的条件を規定したものである[2]。

適 用 領 域

4　正規の会計の諸原則（GoR）は，連結決算書と連結状況報告書，年度決算書と状況報告書ならびに中間決算書について遵守されねばならない。

5　GoRは，企業の法律形態を度外視して全企業に適用される。

6　GoRは，資本市場の利用に関係なく，全企業により遵守されねばならない。差別は，特定の記載義務と説明義務に関して有用である[3]。

会計の利用者

7　会計の利用者は，自己資本と他人資本の提供者である。

8　出資者は，典型的に，業務執行者に委託した資本の最大限可能な利回りを得ようと努める。出資者は，残余持分請求権者として最大のリスクを負う。会計は，かかるリスクを評価するのに役だつ。

　債権者は，自らが支出した他人資本の契約上の利払いにとくに関心がある。

　債権者の利害は，通常，法律上の分配上限，信用契約および担保により保護されている。会計は，債権者利害の擁護を支える[4]。

会計の目標設定；目標の確認

9　会計の目標は，法律上または財政上の利益処分の基礎としての文書作成，情報および利益測定である。情報機能に関連して，過去期間に関する報告を意味する会計の報告機能と意思決定資料の作成を意味する会計の予測機能とに区分することができる。報告もまた，意思決定の支援に使用される[5]。

報告の意味における情報

10　会計の中心的目標は，委託した資本の運用についての情報開示を意味する業務執行者の報告である。会計利用者は，情報を必要としており，情報により業務執行者の活動の業績を判断することができる。出資者は，情報にもとづいて業務執行者の免責または解任を行い，債権者は，それに従って他人資本を供与する準備を判断する。

報告機能を達成するための前提条件は，計上選択権および評価選択権の断念である。表示選択権は，報告機能と両立させることができる[6]。

意思決定資料としての情報

11 利用者は，情報が必要であり，情報をつうじて利用者が関心をもつ将来の収支の金額，期間上の構成および確実性の程度を見積もることができる。利用者は，会計により提供される情報から予測を行うこともできる[7]。

利 益 測 定

12 分配可能な年度利益は，年度決算書において測定される。年度利益額は，法律と規約により決定される（年度決算書の利益測定機能）。

13 連結決算書は，法律上，配当測定の基礎ではない。しかし，連結決算書は，事実上，親企業の配当政策を規定しており，親企業の配当政策を判断するために重要である。連結決算書は，この点において，連結集団の配当可能性についての情報を伝達しなければならない[8]。

一 般 規 範

14 決算書は，実質的諸関係に合致する企業または連結集団の財産，財務および収益状況の写像を伝達しなければならない。状況報告書は，実質的諸関係に合致する企業または連結集団の状況の写像を伝達しなければならない。この要件は，通常の場合，情報原則および利益測定原則，法律およびDRSの遵守により達成される。

15 事象は，決算書と状況報告書においてその経済的実質に即して考慮されるべきであり，優先的に法的形式に従って考慮すべきではない（経済的観察法）。

16 この結果，極めて稀な例外的事例において法律規定またはDRSの条文から逸脱して，実質的諸関係に合致する財産，財務および収益状況の写像の伝達の要請に適合する。

条文からの逸脱が必要である場合には，附属説明書において，

a) 業務執行者は，決算書が企業の財産，財務および収益状況に合致した実質的関係を表示していることを確認しなければならない。

b) 業務執行者は，経済的観察法の原則の特別な考慮により，財産，財務および収益状況の実質的諸関係に合致する写像を伝達するために規定条文または規則から逸脱した点を除いて，適用すべきすべての法律条文とDRSが遵守されていることを確認しなければならない。
c) 次の逸脱について説明しなければならない。
　aa) 逸脱した法律条文またはDRSを明記しなければならない。
　bb) 規定条文または規則が要求する計上，評価方法または連結方法の記載のもとに逸脱の形式を説明しなければならない。
　cc) これらの方法が現状通りでは誤解を招く理由，概念フレームワークで確定された決算書目標と対立する理由を記載しなければならない。
　dd) 企業が適用した計上，評価または連結方法を明記しなければならない。
d) 逸脱が逸脱前の方法により計上，評価または連結された場合の決算書項目の額にどれだけ影響を及ぼしたか，各期間について記載しなければならない[9]。

情報原則と利益測定原則との相互依存性

17　会計の目標設定に適応するために，以下の情報原則と利益測定原則を遵守して会計を行わなければならない。これらの原則は相互依存関係にあり，相互に補完，限定している[10]。

情報原則；利用者指向

18　会計の情報機能は，会計利用者の利害を保護しなければならない。利用者の情報要求は，会計の基礎である。会計の構成要素は，利用者の意思決定目的に適合する情報（entscheidungsrelevante Informationen）をふくまなければならない[11]。

意思決定目的適合性—重要性

19　情報が意思決定目的に適合しており，情報が過去関連的なデータにもとづいて将来予測を可能にし，情報が予測を確認または修正する場合に限り，情報は利用者にとって有用である。情報の目的適合性は，情報の性質と重要性

により影響を受ける。

20 情報の知識がそれなしに意思決定を行う場合とは異なる意思決定をともなう場合，情報は，その性質上，意思決定目的適合的である。

21 重要性は，情報の意思決定目的適合性の必要な前提条件である。なぜなら，重要でない情報は，意思決定を変更できないからである。

完全性の原則は，貸借対照表，損益計算書，キャッシュ・フロー計算書，セグメント報告書および資本変動計算書における重要性の原則を支配している(12)。

決算書と状況報告書の適時の作成

22 決算書と状況報告書は，適時に，遅くとも法律上義務づけられた期限の終了をもって作成しなければならない(13)。

完 全 性

23 貸借対照表において，すべての資産および負債を記載し，損益計算書において，計上基準を満たすすべての収益および費用を記載しなければならない。完全性の原則は，同様に，キャッシュ・フロー計算書，セグメント報告書および資本変動計算書を作成する際に遵守しなければならない。重要性の原則は，この点に限り通用しない(14)。

信 頼 性

24 利用者に対する情報は，信頼し得るものでなければならない。これは，明瞭性と無謬性に影響をおよぼす。信頼性の原則は，意思決定目的適合性の原則に対立することがある。目的適合的であるが信頼できない情報は，誤った情報から生じる誤った意思決定の危険を防止するために，会計の構成要素として公開してはならない。不確実な事象の表示は，信頼性を損なわない。これは，不確実な事象の評価の問題について期待価値（Erwartungswert）の計上により保証される。同様に，不確実な事象は，たとえば，情報の理由と仮定が記載され利用者を納得させることにより，信頼を得て報告される。

信頼性の原則は，中立的報告の原則と見積基準としての慎重原則の遵守により保証されるか，支持される(15)。

中 立 的 報 告

25 中立的報告の原則に従って，情報機能は，影響がなければ行わなかったであろう業務執行者の目指す意思決定を偏向的に利用者に行わせるために使用してはならない[16]。

慎　重　性

26 慎重原則は，評価原則ではなくて，不確実な予測に関連する見積基準である。したがって，資産，負債，収益および費用は，過大評価も過小評価も行ってはならない。資産および収益の恣意的な過小評価または負債および費用の恣意的な過大評価による秘密積立金の設定は，慎重原則と両立しない。

　慎重原則の結果，状況報告書において企業と研究開発活動の将来の発展について表示する際にリスクだけ重点的に報告し，チャンスは報告しないということに導いてはならない。これは，中立的報告の原則に反する[17]。

明　瞭　性

27 会計にふくまれる情報が明確かつ理解可能である場合には，明瞭性の原則に一致する[18]。

一　義　性

28 会計の情報は，内容，価値または名称について多義的または曖昧であってはならない。会計の構成要素は，日常的用語から解放しなければならない[19]。

理 解 可 能 性

29 情報は，専門知識のある利用者がその内容を理解できるように，会計においてデータ処理しなければならない[20]。

相 殺 禁 止

30 法律またはDRSが相殺を規定または許可しない限り，資産は負債と，収益は費用とそれぞれ相殺してはならない。他の情報手段（たとえば状況報告書）も，情報損失を防ぐために個別事象を区分して認識することを要求している[21]。

比 較 可 能 性

31 会計において，法律またはDRSが比較情報の記載の中止を容認または規定

していない限り，過去の報告期間の比較情報が記載されなければならない。

32 会計は，時間経過と同一事象について比較可能でなければならない。
　この点に限り，比較可能性の原則は，形式的継続性と実質的継続性をふくむ。

33 貸借対照表同一性の原則が遵守され，会計の構成要素の分類と表示が維持される場合に，形式的継続性が与えられる。法律またはDRSにより形式的継続性の違反が容認または規定されている場合には，比較可能性は，決算書における報告により保証されなければならない。

34 時間の経過とともに評価方法または連結方法も維持される（垂直的継続性）場合には，実質的継続性が与えられる。さらに，同一の資産と負債は，決算書において統一的に評価しなければならない（水平的継続性）。
　例外的事例において，評価継続性または連結継続性の違反が必要な場合には，これを報告しなければならない。過去の報告期間の比較情報は，これに応じて調整されなければならない[22]。

利益測定原則；企業活動の継続性

35 資産と負債は，それが法律上または実際上の事実に対立しない限り，企業活動継続の仮定のもとに計上され評価しなければならない。企業活動の継続を前提とする限り，資産と負債は，法律とDRSにより計上され評価しなければならない[23]。

個 別 評 価

36 資産と負債は，法律とDRSが別段の定めを設定しない限り，個別に評価しなければならない。企業全体の価値を貸借対照表の個別項目に分割することは認められない[24]。

決 算 日 原 則

37 資産と負債の評価は，決算日に行わなければならない。資産と負債を評価する際に，決算日と決算書作成日とのあいだに判明した価値の変動を示す事象についても認識しなければならない[25]。

期間区分；発生主義

38 　会計期間の収益と費用は，その基礎にある現金収支の時点に関係なく決算書に記載しなければならない。

39 　実現原則と損失見越原則は収支をどのように期間区分するかを規定する[26]。

実 現 原 則

40 　将来の経済的便益の増加が蓋然的かつ確実に測定される場合に，利益は記録されなければならない。利益は，決算日に実現または実現可能でなければならない。利益は，引渡時点または給付時点で実現したとみなされる。根拠になる引渡または給付が契約上の購入者に対して常時なされ，それにともない資産が常時，代金収入または代金請求権と交換される場合に，利益は，決算日に実現可能である。

41 　直接に収益と関連する費用は，収益を受取る報告期間に記録しなければならない。ただし，資産についての計上基準が優先する[27]。

損 失 見 越 原 則

42 　将来の経済的便益の減少が蓋然的かつ確実に測定される場合に，損失は，記録されなければならない。損失の実現は重要ではない[28]。

会計の構成要素

決算書；決算書の構成要素

43 　完全な決算書は，貸借対照表，損益計算書，キャッシュ・フロー計算書，セグメント報告書，資本変動計算書および附属説明書である。これらの構成要素は，法律およびDRSの意味における財産，財務および収益状況の表示に使用される。

44 　以下の情報は，決算書の明瞭かつ理解可能な決算書の表示を保証するために，必要な限り反復して提供されなければならない。

　・報告企業の名称と企業の法律形態
　・決算書の種類（年度決算書，連結決算書，中間決算書または中間連結決算書）
　・決算書作成の根拠になる会計規範（HGBおよびDRS）

・決算日と報告期間
・報告通貨と通貨単位

貸借対照表

45 貸借対照表は，―附属説明書の記載とともに―資産，財務状況の部分ならびにその変動について情報を提供する[29]。

損益計算書

46 損益計算書は，―附属説明書とともに―収益状況ならびにその変動について情報を提供する[30]。

キャッシュ・フロー計算書

47 キャッシュ・フロー計算書は，収支の流れを表示することにより財務状況ならびにその変動の判断に使用される[31]。

セグメント報告書

48 セグメント報告書は，企業または連結集団の重要な部分領域の情報に使用される。セグメント報告書は，企業または連結集団に関連する資料の分割により，財産状況，財務状況および収益状況の洞察と，企業または連結集団の個別の部分領域のチャンスとリスクの判断を可能にする[32]。

資本変動計算書

49 資本変動計算書は，―附属説明書とともに―資本の変動と損益に作用しない資本の変動要因について情報を提供する[33]。

附属説明書

50 附属説明書は，決算書の構成要素において伝達された情報を説明し補完し免除しなければならない。決算書の構成要素に直接関連しない個別事項または表示選択権の行使により決算書の構成要素に記録されなかったために附属説明書に記載すべき決算書の構成要素の個別項目について記載義務を有する事項は，附属説明書に記録しなければならない。

51 決算書の構成要素の諸項目を解説する附属説明書は，説明機能を有する。たとえば，附属説明書において，評価方法を記載し，過去の報告期間に対する評価方法変更の財産，財務および収益状況に及ぼす影響を区分して表示し

なければならない。

52 附属説明書は，決算書の構成要素に直接関連しない情報について補完機能を有する。たとえば，従業員構成に関する記載は，補完機能を有する。

53 しかし，附属説明書には，一般的な修正機能は与えられていない。決算書の構成要素における不適切または不完全な表示は，附属説明書の記載により是正することができない。

54 情報が決算書の構成要素ではなく，附属説明書に記載される場合には，附属説明書に免責機能が与えられる。附属説明書における表示選択権の行使により，決算書の構成要素の明確な形式的な形態により，決算書の表明能力が高められる（明瞭性の原則）。

55 附属説明書の記載の範囲は，法律，DRSおよび概念フレームワークの規定により決定される。

56 決算書は法律とDRSと一致したうえ作成されたことを附属説明書に記載しなければならない。

57 決算書は，それが法律とDRSのすべての要件を満たさない限り，法律とDRSに一致していると記述してはならない。

58 施行時点前のDRSの適用は，DRSが早期の任意適用を明文により認めている場合に限り容認される。DRSが施行前に認められた方法で任意に適用される場合，この事情は，附属説明書に記載しなければならない[34]。

状況報告書

59 状況報告書は，決算書の情報を強化し，決算書の情報を期間的かつ事象的に補足する。状況報告書には　中立的報告の原則を遵守して，報告期間終了後の特別な重要性を有する事象および予測される企業の展開について報告しなければならない。状況報告書は，とくに，法律とDRSの意味する将来の事業展開のリスクについて情報を提供する。これにふくまれるのは，とくに，企業の存続を危うくするリスクと財産状況，財務状況および収益状況に重大な影響をおよぼすリスクである。

60 以下の情報は，状況報告書の明瞭かつ理解可能な表示を保証するために必

要な限り頻繁に反復して提供しなければならない。
- ・報告企業の名称と法律形態
- ・決算書の種類（年度決算書または連結決算書）
- ・営業年度
- ・報告通貨と通貨単位[35]

会計構成要素の確認

61　会計の構成要素は，明確に名称を表現しなければならない。決算書と状況報告書が共同で作成されるときは，これらは明確に分離しなければならない。法律またはDRSに従って決算書で表示すべき情報は，状況報告書に移転してはならない。その逆も当てはまる。

　　決算書と状況報告書が他の情報と共に公開されるときは，この情報と明確区別しなければならない[36]。

決算書における計上，記録および説明；原則

62　以下の条件が与えられる限り，項目は，貸借対照表に計上されるか，損益計算書に記載しなければならない。
- ・項目が定義上，資産，負債，収益または費用にふくまれ，確認可能かつ区分可能である
- ・項目に関連する将来の便益が蓋然的に企業に流入または流出する（項目の取得原価または製造原価もしくは価値は，確実に決定しなければならない）

63　項目が資産，負債，収益または費用の定義にふくまれるが計上基準の1つを満たさないときは，項目の知識が資産，財務および収益状況の判断のために意思決定目的適合的である場合に，項目の非計上について附属説明書において報告しなければならない。

64　将来予測される便益の流入または流出は，それが50％以上の確率で生じる場合に蓋然性が高い。

65　決算書の作成に際し，しばしば見積もりを行わなければならない。価値測定の信頼性は，見積もりが十分に確実である限り，見積もりにより損なわれない。しかし，十分に確実な見積もりが可能でない場合には，項目は，貸借

対照表または損益計算書に記載してはならない。十分に確実な見積もりが一部の金額についてのみ可能であるときは、項目は、この一部の金額で貸借対照表または損益計算書に記載しなければならない[37]。

貸借対照表項目の計上
資産；定義

66 資産とは、過去の事象にもとづいて企業の支配権に属する資源である。企業における資産の使用の結果または外部の利用可能性により、将来の経済的便益の流入が期待される。将来の経済的便益（künftiger wirtschaftlicher Nutzen）とは、現金または現金同等物の増加または維持に直接的または間接的に貢献する能力をいう。

67 資産が有形であるか無形であるかは、資産の存在に絶対的なことではない。有償取得は重要ではない。

68 資産の法的所有権は絶対的ではない。決定的なことは、資産に内在する経済的便益に対する支配権である[38]。

計上基準

69 将来の経済的便益の流入の蓋然性が高く、資産の取得原価または製造原価もしくは価値が取得時と取得以降の決算日に信頼性をもって決定される場合に、資産は、貸借対照表に計上しなければならない[39]。

負債；定義

70 負債とは、過去の事象から発生した企業の第三者に対する現在の債務である。債務の弁済により、資源の流出が予測される。企業内債務についての費用性引当金の設定は、債務と一致しない。

71 根拠になる債務が法的に発生したことは、負債の存在に絶対的なことではない[40]。

HGBの計上選択権廃止の提案

概念フレームワーク草案により計上基準を満たす場合には、資産と負債について計上義務がある。これに対して、HGBは特定の場合において、理由なき計上選択権を定めている。この点において、概念フレームワーク草案とHGB

は，一致していない。この商法上の選択権は，HGBを概念フレームワークの要件に一致させるために，計上命令に変更すべきである。以下の貸借対照表項目が該当する。

　　HGB第250条3項：社債の割引発行差金

　　HGB第255条4項：承継暖簾

　　HGB第274条2項：繰延税金資産

　　HGB施行法第28条1項1文：1987年1月1日前に法的請求権を取得した直接年金債務引当金

　　HGB施行規則第28条1項2文：間接年金債務および類似年金債務引当金

　計上基準を満たさない場合，概念フレームワーク草案により，資産と負債について計上禁止になる。これにふくまれるのは，たとえば，第三者に対する債務がない費用性引当金である。これに対して，HGBは，特定の場合において，理由なき計上選択権を定めている。この点において，草案と法律は，一致しない。この選択権は，HGBを概念フレームワーク草案の要件に一致させるために計上禁止に変更すべきである。以下の貸借対照表項目が該当する。

　　HGB第249条1項3文：次期の9ヵ月内に取崩される中止した修繕費引当金

　　HGB第249条2項：費用性引当金

　　HGB第269条：業務経営の運転開始費・拡張費

　　HGB第273条：準備金部分を有する特別項目

　現行の計上選択権の廃止は，貸借対照表操作の機会を制限する。これは，会計の目標たる「報告責任」を達成するための前提条件である[41]。

計　上　基　準

72　現在の債務を相殺するために資源の流出の蓋然性が高く，負債の弁済額または価値が取得時と取得以降の決算日に信頼性をもって決定される場合に，負債は，貸借対照表に計上しなければならない[42]。

自　己　資　本

73　自己資本は，所有主の請求権を表したものである。自己資本は，負債と区別される。自己資本と負債の区分基準は，確定金額請求権（負債性）または

残存金額請求権（自己資本）が成立するかどうかに関連する[43]。

貸借対照表項目の削除

74　計上基準を満たさない場合，資産または負債は削除しなければならない。

収益・費用の記録，表示および説明

収 益 の 記 録

75　収益とは，報告期間における経済的便益の増加である。経済的便益の増加は，直接的な流入（現金または現金同等物の流入），資産価値の増加または負債の減少の形をとって行われる。

76　経済的便益の増加の蓋然性が高く，信頼性をもって測定される場合に，収益は記録される。

77　収益は，原則として損益計算書に記載される。どの程度収益を損益中立的に記載するかは，法律とDRSにより決定される[44]。

費 用 の 記 録

78　費用とは，報告期間における経済的便益の減少である。経済的便益の減少は，直接的な流出（現金または現金同等物の流出），負債の増加または資産価値の減少の形をとって行われる。

79　経済的便益の減少の蓋然性が高く，確実に測定される場合に，費用は記録される。

80　費用は，原則として，損益計算書に記載しなければならない。どの程度費用を損益中立的に記載するかは，法律とDRSにより決定される[45]。

収益・費用の表示および説明

81　経常的な営業活動の損益は，損益計算書において測定され区分表示しなければならない。経常的な営業活動の損益は，経常的に獲得可能な収益と経常的に発生する費用から構成されている。したがって，経常的な営業活動による損益は，将来損益についての推測の基礎になる。経常的な営業活動による損益の構成要素である収益項目または費用項目の種類，頻度または金額が企業の収益状況を知るために意思決定目的適合的であるときは，当該項目の種類と金額を記載し説明しなければならない。

82 臨時損益は，損益計算書において測定され区分表示しなければならない。臨時損益は，性質上異常であり，稀に生じる例外であり，企業は近い将来に再発を予測しないため，経常的営業活動以外から生じる費用と収益から構成されている。臨時項目の種類と金額は，区分表示し説明しなければならない。

83 すでに損益作用的に記載されているが決算日に未実現の構成要素が収益項目または費用項目にふくまれる場合には，当該項目の種類と金額を記載し説明しなければならない[46]。

評価；名目資本維持

84 決算書は，名目資本維持の考え方を遵守して作成しなければならない[47]。

評 価 基 準

85 資産は，取得原価または製造原価，継続記録される取得原価または製造原価もしくは付すべき時価で評価しなければならない。

86 負債は，償還金額または付すべき時価で評価しなければならない。

87 付すべき時価は，専門知識を有し，契約意思のある互いに独立した取引の当事者間で資産を交換し，負債を弁済する金額である。付すべき時価は，判定可能な期間内に実現する場合に限り，確実に決定しなければならない。

88 どの種類の資産または負債を（継続記録した）取得原価または製造原価もしくは償還金額で評価し，どの種類の資産または負債を時価で評価するかの判断は，意思決定目的適合性および信頼性の原則を考慮して行い，法律とDRSとの一致を前提条件とする。

　（継続記録した）取得原価または製造原価もしくは付すべき時価による資産の評価（89以降）と償還金額（102以降）または付すべき時価による負債評価を規定した諸原則は，概念フレームワークにおいて作成される[48]。

資 産 評 価

取得原価・製造原価による評価

取 得 時 評 価

89 法律またはDRSが，資産を（継続記録した）取得原価または製造原価で評

価すべきことを規定している場合に，次の原則（90～97）を遵守しなければならない。

90　資産の取得時において，資産は，取得原価または製造原価で評価しなければならない。

91　取得原価とは，資産を取得して，資産に個別に配分できるまで経営準備の状態に置くために支出される費用をいう。取得原価にふくまれるのは，付随費用と後発の取得原価である。値引は控除しなければならない。

92　製造原価は，資産の製造，資産の拡張または当初の状態を超える資産の改善のための財貨の消費と役務の使用から生じた費用である。製造原価にふくまれるのは，製造直接費と製造間接費である。

具体的に製造原価にふくまれるのは，直接材料費および間接材料費，製造直接費および製造間接費，一部の開発費，特別製造直接費および特別販売直接費である。一般管理費，社会保険費，および任意の社会給付費用，退職年金費用，負債利子は，それが製造の期間に帰属する場合に限り製造原価に算入しなければならない。一般販売費は，製造原価に算入してはならない[49]。

取得時以降の評価

93　償却性資産は，決算日に継続記録の取得原価または製造原価で評価しなければならない。さらに，償却性資産は，予測耐用年数について計画的に減価償却しなければならない。

94　資産の帳簿価額が企業に固有の価値より大きい場合には，資産は，企業に固有の価値まで償却しなければならない。法律とDRSは，継続的な価値減少の場合にのみ計画外減価償却を実施すべきことを定めることができる。

95　計画外減価償却の原因の消滅以降，償却性資産は，計画的減価償却のときに生じる価値まで増額しなければならない。非償却性資産は，計画外減価償却を実施する前の価値まで増額しなければならない。

96　企業に固有の価値は，企業が資産の減損について調整するために必要な金額に一致する。企業に固有な価値は，再調達原価と回収可能価値のいずれかの最低価値である。

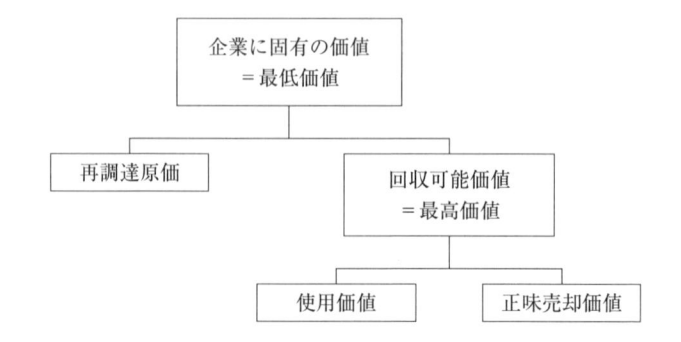

```
          ┌─────────────┐
          │ 企業に固有の価値 │
          │  ＝最低価値  │
          └──────┬──────┘
         ┌──────┴──────┐
    ┌────┴────┐   ┌────┴────┐
    │ 再調達原価 │   │ 回収可能価値 │
    └─────────┘   │ ＝最高価値  │
                  └──────┬──────┘
                  ┌──────┴──────┐
              ┌───┴───┐    ┌───┴────┐
              │ 使用価値 │    │ 正味売却価値 │
              └───────┘    └────────┘
```

97 回収可能価値は，使用価値と正味売却価値とのいずれかの最高価値である。使用価値は，資産の継続的使用と売却時の当該資産の残存価値から成る将来の正味収入の現在価値である。割引率は，最優遇の選択肢としての利回りである。正味売却価値は，専門知識を有し契約意思のある当事者間で市場条件による資産の売却をつうじて売却原価の控除後に獲得可能な金額である[50]。

付すべき時価による評価

98 法律またはDRSが資産を時価で評価しなければならないと規定している場合，以下の原則（99〜101）を遵守しなければならない。

99 取得時に資産に付すべき時価は，取得原価または製造原価に一致する。

100 資産の価値計上額は，毎決算日に再評価しなければならない。付すべき時価が帳簿価額と乖離する場合には，それに応じて減額または増額しなければならない。

101 当初の取得原価または製造原価が増額によりどの程度超えることができるかは，法律とDRSにより決定される[51]。

負 債 の 評 価

償還金額による評価

取 得 時 評 価

102 法律またはDRSが，負債を償還金額で評価すべきことを規定している場合には，以下の原則（103〜105）を遵守しなければならない。

103　負債は，取得時の償還金額で評価しなければならない。負債は，その根拠になる債務が利子部分をふくむ場合には割引かなければならない[52]。

取得時以降の評価

104　負債の価値計上は，決算日に再評価しなければならない。償還金額が帳簿価額と乖離する場合には，帳簿価額をそれに応じて増額または減額しなければならない。

105　当初の負債の償還金額がどの程度下回ることができるかは，法律とDRSにより決定される[53]。

時 価 評 価

106　法律またはDRSが負債を付すべき時価で評価すべきことを規定している場合には，以下の原則（107〜109）を遵守しなければならない。

107　取得時において，負債の付すべき時価は償還金額に一致する。

108　負債の価値計上は，決算日に再評価しなければならない。付すべき時価が帳簿価額と乖離する場合には，帳簿価額は，それに応じて増額または減額しなければならない。

109　当初の負債の償還金額がどの程度下回ることができるかは，法律とDRSにより決定される[54]。

不確実のもとでの評価

110　不確実な収支は，期待価値で評価しなければならない[55]。

会計の構成要素の分類

111　会計の構成要素は，完全性，比較可能性および明瞭性の諸原則を遵守して分類しなければならない。

112　貸借対照表は，法律とDRSに一致のうえ分類しなければならない。

113　損益計算書は，売上原価法により作成しなければならない。材料費と労務費は，附属説明書に区分して記載しなければならない。

114　損益計算書において，通常の営業活動による業績および臨時の業績を表示しなければならない。

115　キャッシュ・フロー計算書は，法律とDRSに一致のうえ分類しなければ

ならない。

116 セグメント報告書は，法律とDRSに一致のうえ分類しなければならない。

117 資本変動計算書は，法律とDRSに一致のうえ分類しなければならない。

118 附属説明書は，法律とDRSに一致のうえ分類しなければならない。附属説明書は，とくに次の分類項目をふくんでいなければならない。
 ・根拠になる会計規範および当該会計規範との一致の証明
 ・貸借対照表計上方法と評価方法の説明；通貨換算の諸原則
 ・連結範囲の記載と連結方法の説明
 ・損益計算書および貸借対照表の個別項目の説明
 ・キャッシュ・フロー計算書の説明
 ・セグメント報告書の説明
 ・資本変動計算書の説明
 ・その他の義務上の記載
 ・任意による記載

119 貸借対照表，損益計算書，キャッシュ・フロー計算書，セグメント報告書および資本変動計算書の各項目は，横断的関係を指示することにより附属説明書の説明と関連づけなければならない[56]。

作 成 の 頻 度

120 決算書と状況報告書は，少なくとも年1回営業年度末に作成しなければならない[57]。

開　　　示

121 会計は，情報が利用者に届く場合に限り，意思決定目的適合的である。したがって，会計は，すべての利用者が容易かつ平等に入手できる方法により開示しなければならない。

122 会計の意思決定目的適合性は，伝達された情報が時宜に適っているほど大きくなる。したがって会計は適時に開示しなければならないが，開示は，遅くとも法律で義務づける期限終了までである[58]。

ドイツ会計基準（DRS）の初回適用

123　DRSが企業会計の基礎として企業により最初に適用される場合には，決算書は，それを以前よりDRSと一致のうえ作成したものとみなして表示しなければならない（遡及的適用）。

124　個別のDRSがこれから乖離した経過規定を定めている場合または過去期間に適合する金額が確実に測定できない場合には，例外が認められる。

125　DRSへの移行による調整金額は，最初にDRSが適用される報告期間の開始貸借対照表において利益準備金の修正項目として記載しなければならない[59]。

第2節　ドイツ「概念フレームワーク」草案の意義 —むすびにかえて—

　まず，ドイツの概念フレームワーク草案の全体的な性格について明確にしたい。ドイツ「概念フレームワーク」の基本的な考え方と理論の内容は，明らかに，IAS第1号「財務諸表の表示」，IASBの「財務諸表の作成および表示に関するフレームワーク」と軌を一にしている。したがって，概念フレームワーク草案は，EUのIAS適用命令とともに，2005年から欧州企業に適用されるIASのドイツ国内法への転換プロセスをEUの加盟国ドイツから正当化したものである。

　しかしながら，ドイツ基準設定審議会（DSR）が前述のような影響力をもつ「概念フレームワーク」を開発する権限を法的に認められているのかは疑わしい。「企業領域統制・透明化法」にふくまれるHGB第342条1項1文と2文は，次のごとく民間基準設定機関の設置について規定している。「連邦法務省は，契約により私法上組織された機関を承認し，これに次の任務を委譲することができる。①連結会計に関する正規の簿記の諸原則（GoB）の適用に関する勧告の開発，②会計規定に関する立法目的についての連邦法務省に対する助言」。

　したがって，ドイツ基準設定審議会に，連結決算書に関する会計基準を開発する権限はHGB第342条にしたがって容認されているが，前述のような理念と

理論内容からなる「概念フレームワーク」を開発する権限は与えられていないと考えられる。法律で定められた連結決算書に関する会計基準の開発権を越えて，商法上の「正規の簿記の諸原則（GoB）」の撤廃を提案すると同時に，個別決算書と連結決算書の双方に適用される統一的大綱原則として「正規の会計の諸原則（GoR）」を提唱した点は，民間基準設定機関（ドイツ基準設定審議会：DSRおよび母体のドイツ会計基準委員会：DRSC）によるドイツ会計法の開発権の合法性に関連して論議の焦点になりうる。なぜなら，ドイツの概念フレームワーク草案は，現行商法との不一致を自覚したうえで，あえて商法上の「正規の簿記の諸原則」を否定する大綱原則として起草されたからである。

それはそれとして，会計の概念的枠組みの開発権に係わる問題のほかに，ドイツ基準設定審議会は，「正規の連結会計の諸原則（GoK）」とともに個別決算書をふくむ全企業に対する「正規の会計の諸原則（GoR）」の創設を計画している。この点で，「概念フレームワーク」は，ドイツ商法における株主および債権者保護の伝統的な原理から離脱して，EUの金融資本市場統合計画と会計戦略に根拠をもつ投資決定のために有用な情報目的を優先するIASへの接近を準備しているように考えられる。この結果，ドイツの「概念フレームワーク」は，個別決算書と連結決算書の如何にかかわらず，また上場企業と非上場企業の如何にかかわらず，全企業に適用される会計基準を拘束する大綱原則をふくむことになる。

さらに，ドイツ連邦法務省との協定，つまり会計基準設定条約第4条3項1文により，ドイツ会計基準委員会は，現行商法に違反する基準開発を明確に禁止されているにもかかわらず，概念フレームワーク草案の第3条において概念フレームワークの違法性について認識する一方，他方では現行商法の枠組みの外部に設置される大綱原則について合法性を標榜することにより，現行商法に対して間接的な規制作用をもつ法的作用を示唆している。このような巧妙な対応は，ドイツ経営経済学教授連合から批判されている。

次に，ドイツの概念フレームワーク草案における個別の項目の特徴点について明らかにしたい。まず，年度決算書および連結決算書の情報機能についての

有用性を改善するために，会計処理選択権の廃止，情報機能向上に有益な財産概念と期間損益概念の拡大が提唱されている。とくに商法上の慎重原則の適用については，従来の未実現利益および資産評価における慎重原則から，実質上，将来予測を行う場合の蓋然性原則に転換されている。この転換は，きわめて大きな変更である。

さらに，ドイツ商法会計に固有な債権者保護と慎重原則に対する位置づけの後退と否定は注目に値する。

また，「概念フレームワーク」は，会計目標として，資本運用の歴史的会計報告を意味する文書作成，将来収支の予測情報，利益処分の基礎としての利益測定の3つを規定している。この3つの会計目標に関連して，情報原則と利益測定原則が規定され，両者の不可分な相互関係が結論づけられている。新しい情報原則の設定により，慎重原則は，実現利益または未実現利益の保守主義原則（利益および資産の縮小評価）から離脱して，将来予測における見積基準としての時価主義会計のために適用されることが構想されている。

さらにまた，デリバティブを中心とする新しい取引形態に関連して，ドイツ「概念フレームワーク」は，HGB第264条2項の一般規定をそのまま採用して，法的観察法と法的枠組みから離脱して経済的実質観と経済実態による新しい会計実務の法的規制に対応している。ただ，現行法から離脱せざるを得ない会計事象の「極めて例外的事例」とは何かは，明文上明らかにされていない。また，留意すべき点は，利益測定機能を重視する財産対象物概念が否定され，情報機能を目指す将来の経済的便益が資産または財産価値として規定されていることである。

利益測定機能に追加された情報提供および意思決定会計の評価基準として，ドイツ「概念フレームワーク」は，使用価値と正味売却価値とのいずれか高い方の価値を回収可能価値と規定し，この回収可能価値と再調達原価との低い方の価値をもって企業に固有の価値として規定している。具体的には，「概念フレームワーク」は，理論上，意思決定目的適合性の原則にもとづいてすべての資産と負債を公正価値で評価する。しかしながら，実際の適用基準として，ド

イツ「概念フレームワーク」では，たとえば長期固定資産にとって純粋な取得原価指向モデルが否定され，特定の金融商品と固定資産に限定した公正価値評価（混合的な評価アプローチ）が採用されている。金融資産とデリバティブなどに限定されているとはいえ，混合的な評価アプローチは，長期固定資産の減損会計に対して影響を与えるという意味において時価主義会計を指向しているといえよう。

最後に，貸借対照表と損益計算書との関係についてドイツ「概念フレームワーク」は，現行商法の費用と収益についてそれぞれ現在および過去の支出と収入に関連づけた概念定義から離脱して，収益と費用を将来の経済的便益の増加または減少として規定している。ドイツ商法では，現在および過去の収支について取得原価と実現原則により期間配分した未経過勘定の繰延一覧表が貸借対照表であるという意味に貸借対照表が規定されている。このため，収益と費用についての新しい概念定義から，損益計算書の当期利益と貸借対照表の純資産が一致しない可能性が開かれている。すなわち，新しい定義により純資産は実現損益（当期純損益）のほかに未実現評価損益（その他の包括損益）が含まれることになるため，未実現評価損益を損益計算書に反映させることなく直接，貸借対照表上の資本に区分表示することにより，貸借対照表の純資産と損益計算書の当期利益が一致しない可能性が生じている。

注
(1) DRSC [2002], S. 11-12.
(2)(3)(4)　Ebenda, S. 12.
(5)　Ebenda, S. 12-13.
(6)(7)(8)　Ebenda, S. 13.
(9)　Ebenda, S. 13-14.
(10)(11)(12)　Ebenda, S. 14.
(13)(14)(15)(16)(17)(18)(19)　Ebenda, S. 15.
(20)(21)(22)(23)(24)(25)　Ebenda, S. 16.
(26)(27)(28)(29)　Ebenda, S. 17.
(30)(31)(32)(33)　Ebenda, S. 18.
(34)　Ebenda, S. 18-19.
(35)(36)　Ebenda, S. 19.

(37)(38) Ebenda, S. 19-20
(39)(40)(41)(42) Ebenda, S. 20.
(43)(44)(45) Ebenda, S. 21.
(46) Ebenda, S. 21-22.
(47)(48) Ebenda, S. 22.
(49) Ebenda, S. 22-23.
(50) Ebenda, S. 23.
(51)(52)(53)(54)(55) Ebenda, S. 24.
(56)(57) Ebenda, S. 25.
(58)(59) Ebenda, 25-26.

参 考 文 献

DRSC [2002], Entwurf "Grundsätze ordnungsmäßiger Rechnungslegung (Rahmenkonzept)" des Deutscher Standardisierungsrat (DSR), Stand 16. 10. 2002.

IDW [2003], Eine Stellungnahme zu dem Entwurf der Grundsätze ordnungsmäßiger Rechnungslegung (Rahmenkonzept), 10. 01. 2003.

Bundesanstalt [2003], Stellungnahme zum Entwurf "Grundsätze ordnungsmäßiger Rechnungslegung" (Rahmenkonzept) durch die Bundesanstalt für Finanzdienstleistungsaufsicht.

Verband der Hochschullehrer [2003], Stellungnahme zum Entwurf "Grundsätze ordnungsmäßiger Rechnungslegung" (Rahmenkonzept) durch den Verband der Hochschullehrer für Betriebswirtschaft e. V. (http://www.Standardsetter.de/drsc/docs/comments/framework/ag).

KonTraG [1998], Beschlußempfehlung Bericht des Rechtsausschusses (6. Ausschuß) zu dem Gesetzentwurf der Bundesregierung ― Drucksache 13/9712 ― Entwurf eines Gesetzes zur Kontrolle und Transparenz im Unternehmensbereich (KonTraG), in : Bundestag Drucksache 13/10038 vom 04. 03. 1998.

川口八洲雄 [2000]『会計指令法の競争戦略』森山書店。

佐藤博明編著 [1999]『ドイツ会計の新展開』森山書店。

(川口　八洲雄)

索　引

あ行

IAS指向の情報提供機能 ……………102
IASCの解釈指針委員会 ………………45
IASの審査・認証機構 …………………4
アメリカ公認会計士協会 ……………147

域内関税同盟……………………………17
イギリス勅許会計士協会 ……………145
意思決定適合性の原則 ……131, 133, 136
一括登録制 …………………………44, 48
一般に認められた会計原則 …………147
EU会社法および資本市場法……………2
EUの会計現代化戦略 …………………27
インサイダー取引………………………66
インターネットによる会計報告………40

受け手の利害調整 ……………………120
売上原価法 ………………………135, 193

HGB指向の利益測定機能 ……………102
英米型諸国 …………………………9, 10
エクイティ・ファイナンス……………74
演繹法 …………………………………122
エンフォースメント ………………79, 80
エンロン…………………………………15

欧州株式会社……………………………29
欧州経済共同体（EEC）設立条約　5, 17
欧州憲法 …………………………………1

欧州裁判所の責問 ……………………131
欧州財務報告諮問グループ ……………3
欧州証券委員会フォーラム …26, 34, 47
欧州証券規制当局委員会 ………2, 51, 61
欧州石炭・鉄鋼共同体設立条約 ………5
欧州中央銀行 ……………………………1
欧州通貨制度 ……………………………5
欧州パス …………………………… 7, 16
欧州連合 …………………………1, 143
オーストラリア会計基準レビュー審議会
　　…………………………………………149
オーストラリア公認実務会計士協会
　　…………………………………………148
オーストラリア勅許会計士協会 ……148
親企業の配当政策 ……………………178

か行

会計委員会の権威づけ ………………170
会計基準委員会 ………………………145
会計基準審議会 …………………146, 156
会計基準レビュー審議会 ……………148
会計原則審議会 ………………………147
会計統制法………………………………79
会計2005年問題…………………………74
会計人の価値判断 ……………………163
会計の大綱的条件 ……………………177
会計法改革法 ………………………79, 138
会計法現代化法 ……………………99, 138
会計報告責任 ……118, 120, 126, 130, 132,
　 166, 167

開示法 …………………………87	繰延税金会計 ……………………10
回収可能価値 …………191, 192, 197	繰延税金資産 ……………………188
蓋然性原則 ……………………197	グローバルスタンダード …………144
課税の公平性 ……………………113	
合算決算書 …………123, 125, 127	経営経済学教授連合 ……………159
株主総会 …………………………60	経済監査士 …………………143, 153
加盟国選択権 …57, 81, 82, 89, 91, 96, 97	経済監査士協会の意見書 …………145
為替換算会計 ……………………10	経済協力開発機構 ………………143
間主観的に検証可能な方法 ………123	経済・通貨統合戦略 ………………1
間接材料費 ………………………191	経済的観察法 …………………136, 179
	経済的実質 ………………………178
企業会計法上の一般条項 …………160	経済的組織体 ……………………128
企業収益課税 ……………………92	経済的単一体の観点 ……………127
企業年金会計 ……………………10	経済のグローバル化 ……………152
企業年金システム ………………28	形式的継続性の原則 ……………125
企業領域統制・透明化法 …109, 157, 159, 195	計上選択権 ………………………178
	決算書監査人の独立性 ……………66
基準性原則 16, 92, 110, 111, 112, 113, 116	決算書監査の品質強化 ……………2
期待価値 …………………………180	決算日統一性の諸原則 ……………123
帰納法 ……………………………122	現地国原則 ………………………59
規範設定の王道 …………………149	憲法の三権分立論 ………………169
規模基準値修正指令 ……65, 79, 95, 102	憲法の法治国家原則 ……………151
逆基準性 …………………………113	
キャッシュ・フロー計算書 ……10, 180, 183, 184, 193, 194	コア・スタンダード ……………23, 37
	公開会社 …………………………162
キャッシュ・フロー・リスク …100, 101	工事進行基準 ……………………10
行政規則 …………………………168	国際会計基準委員会 ……9, 41, 143, 144
緊急問題タスクフォース ………146, 147	国際監査基準 ……………………27, 52
金融コングロマリット ……………21	国際財務報告基準の初度適用………64
金融サービス政策グループ …22, 23, 26, 27, 28	国際資本市場 ……………………8
	国際的会計基準にもとづく個別決算書
金融商品 …………………………10	…………………………………93
	国際的に認められた会計原則………81
偶発損失引当金 ……………121, 132	国際比較会計制度論 ……………157

索　引　*203*

国際連合 …………………………143
国家会計委員会 …………………145
国庫収入…………………………91
国庫助成金………………………10
個別決算書レジーム ……………110
コーポレート・ガバナンス……………66
混合的な評価アプローチ ……………198

さ行

債権債務連結 ………………127, 128
債権者保護 ……46, 82, 110, 112, 120, 158, 175, 196, 197
財産対象物概念 …………………197
再調達原価 …………………191, 197
財務アナリスト ………………130, 131
財務諸表の受け手 ………………143
財務諸表の比較可能性プロジェクト…37
財務報告レビューパネル ………145, 146
裁量の余地 ………………………119
サーベインス・オクスリー法……………15
残余持分請求権者 ………………177

GoBの二元的解釈 ………………109
時価主義会計 ………………197, 198
資金調達方法……………………10
自己規制 …………………………148
資産の法的所有権 ………………187
システム論的な解釈 ……………118
資本維持 ………118, 123, 162, 166, 167
資本移動の自由化 ………………7
資本市場統合戦略 ………………3
資本市場法 ………………………69
資本収益課税指令………………36
資本調達容易化法 ………89, 109, 157

資本変動計算書 ………180, 183, 184, 194
社債の割引発行差金 ……………188
収支計算の原則 …………………125
受託資本 …………………………120
10項目プログラム ………80, 92, 93, 138
純額法……………………………96
純粋な取得原価指向モデル …………198
準備金部分を有する特別項目 ………188
使用価値 …………………192, 197
商慣習……………………………161
償却性資産 ………………………191
商業登記所………………………82
状況報告書の比較可能性 ………98, 102
承継暖簾…………………………188
証券監督者国際機構 …9, 23, 37, 41, 144
証券サービス指令 ……………19, 20, 25
証券取引開示規制 ………………4, 58
上場目論見書指令 ………………2, 18
商法会計の機能と目的 …………161
情報GoB論 …………………130, 136
情報・通信領域の技術革新……………14
情報に基づく資本維持 ……120, 121, 122, 123, 126
情報の発信コスト ………………131
情報分解の原則 …………………134
正味売却価値 ………………192, 197
将来展開に伴うチャンスとリスク……98
将来の経済的便益 ……183, 187, 197, 198
職業倫理基準……………………46
所得税法 …………………………116
新株発行費………………………10
真実かつ公正な概観 …113, 146, 147, 148
慎重原則 ……113, 114, 120, 121, 122, 126, 132, 151, 181, 197

慎重原則非顧慮の原則 ……………132
人的会社 …………………………153

垂直的継続性 ……………………182
水平的継続性 ……………………182
ステイクホルダー ……………113, 130

正規の会計の諸原則 …137, 175, 176, 177, 196
正規の簿記の諸原則の現代的解釈 …161
正規の連結会計の諸原則 …119, 122, 129
正規の連結処理の諸原則 …………119, 128
政治的および法的な価値判断 ………160
製造間接費 ………………………191
製造直接費 ………………………191
制度設計のフレームワーク …………170
成文法規範 …………………151, 159
税法会計との連携解除………………16
税務貸借対照表 ……………110, 116
税務中立性 ………………………112
セグメント報告書 ……180, 183, 184, 194
1998年会計改革関連法 ……………141
1965年株式法 ……………………161
1861年ドイツ普通商法典 …………141
専門科学 ……………………143, 153
専門科学の認識 …………………160

総額法………………………………96
総括原価法 ………………………135
創業費………………………………10
相互承認制度 ………………………3
ソルベンシー・テスト………………92
損益中立的 ………………………189
損失見越原則 ……………………183

た行

貸借対照表合計額…………………95
貸借対照表操作 …………………188
大陸法型諸国 ……………………9, 10
単一市場プログラム ………1, 2, 5, 6, 7
単一通貨ユーロ …1, 13, 17, 18, 19, 21, 24, 28, 34
知識ベース型経済社会………………13
中立的報告の原則 ……132, 180, 181, 185
直接材料費 ………………………191
通貨換算 …………………………194
ディーリング委員会勧告 …………145
デュープロセス ……………141, 149
電子媒体による情報伝達……………60
伝統的商人文化 …………………113
ドイツ基準設定審議会 ………176, 195
ドイツ経営経済学教授連合 ………196
ドイツ工業規格協会 …………155, 156
ドイツ証券取引所 …………………3, 4
ドイツ的商法会計レジーム ………122
ドイツ保守主義会計 …………110, 113
登記裁判所 …………………91, 131
東京証券取引所 ……………………3
投資課税制度 ………………………6
投資家保護 ……………54, 59, 111, 152
特別法は一般法に優先する ………119

な行

内部牽制組織 ……………………125

内部統制システム……………………68
内部利益の消去 ……………………127
ナスダック証券市場 …………………3

二元的会計規範の形成 ……………109
ニューヨーク証券取引所 …………3, 19

年金ファンド …19, 20, 21, 22, 28, 29, 36
年度決算書の利益測定機能 …………178

ノーウォーク合意 …………………15, 51

は行

ハイブリッド方式 …………………142
バーゼルの銀行監督委員会 …21, 35, 36
バーチャルGoBの開発 ……………117
パブリックセクター ………………142
パラダイム転換 ………97, 109, 138, 166
パラレル（並行的）決算 ……………102

秘密積立金 …………………………181
評価選択権 …………………………178
評価の統一性の諸原則 ………………123
表示選択権 ……………………178, 184
費用収益連結 …………………127, 128
標準会計実務基準書 …………………146
費用性引当金 …………………187, 188

不確定の法概念 ……………………120
不均等原則 ………………120, 121, 126
負債証券 ……………55, 60, 84, 88, 101
負債性引当金 ………………………132
付すべき時価 ………100, 102, 192, 193
不正経理事件 ………………………145

プライベートセクター …………142, 169
ブリッジ・アプローチ………………64
文書記録 ……………118, 120, 123, 124
法解釈学的方法 …………………122, 123
法規命令授権 ………………………154
法的安定性 …………………………48, 68
法的観察法 …………………………197
法の欠缺 ……………………………141
保険監督法 …………………………6

ま行

マーストリヒト条約 …………………7, 17
マトリックス構造……………………52
未実現評価損益 ……………………198
未実現利益 …………………90, 91, 197
民主主義的正当化 …………………163

無形資産の貸借対照表計上と評価……47

名目資本維持 ………………………190
明瞭性および概観性原則 …111, 125, 126
免責連結決算書 ……………………153

や行

有価証券取引法 ……………………129
有限会社法 …………………………118
ユーレクス …………………………4
ユーロネクスト ……………………3, 4

予想されるリスク情報 ……………130
予測耐用年数 ………………………191

ら行

ラムファルシー委員会……………………61

利益共同体 ……………………………164
利益測定GoB ……………………130, 136
利害関係考量の原則 …………………135
リース会計………………………………10
リスク関連情報 ………………………100
リスク資本 …………………………25, 26
リスボン戦略 ……………………………8
立法愛国主義 …………………142, 170
利用者の意思決定目的に適合する情報
　………………………………………179
臨時損益 ………………………………190

連結会計に関わるGoB …………………115

連結決算書レジーム …………………110
連結集団の配当可能性 ………………178
連邦官報 ……………………83, 96, 167
連邦議会 ………………………………142
連邦憲法裁判所 ………………………117
連邦財務省………………………………80
連邦政府 ………80, 82, 84, 90, 91, 93, 101
連邦法務省 …80, 115, 116, 141, 142, 159,
　160, 166, 167, 169, 171, 195, 196

ロンドン証券取引所 ……………………3

わ行

割引率 …………………………………193
ワールドコム …………………………15

編著者略歴

川口　八洲雄（かわぐち　やすお）

1941年　山梨県に生まれる
1969年　大阪市立大学大学院修士課程修了
現　在　大阪産業大学経営学部教授

会計制度の統合戦略

2005年7月15日　初版第1刷発行

編著者　ⓒ川　口　八洲雄
発行者　菅　田　直　文
発行所　有限会社　森山書店　東京都千代田区神田錦町
　　　　　　　　　　　　　　1-10林ビル（〒101-0054）
　　　　TEL 03-3293-7061 FAX 03-3293-7063 振替口座 00180-9-32919

落丁・乱丁本はお取りかえします　　　　印刷／製本・シナノ

本書の内容の一部あるいは全部を無断で複写複製することは、著作権および出版社の権利の侵害となりますので、その場合は予め小社あて許諾を求めてください。

ISBN 4-8394-2011-4